后浪

禅与日本文化

〔日〕铃木大拙 著

郑民钦 译

四川文艺出版社

图书在版编目（CIP）数据

禅与日本文化/（日）铃木大拙著；郑民钦译.--
成都：四川文艺出版社，2021.12
ISBN 978-7-5411-6061-5

Ⅰ.①禅… Ⅱ.①铃…②郑… Ⅲ.①禅宗—宗教文
化—文化研究—日本 Ⅳ.① B946.5 ② G131.3

中国版本图书馆 CIP 数据核字 (2021) 第 166918 号

CHAN YU RIBEN WENHUA
禅与日本文化

[日] 铃木大拙 著

郑民钦 译

出 品 人	张庆宁
选题策划	后浪出版公司
出版统筹	吴兴元
编辑统筹	周 茜
责任编辑	周 轶
特约编辑	许明珠　张媛媛
责任校对	汪 平
装帧制造	墨白空间·杨　阳
营销推广	ONEBOOK

出版发行	四川文艺出版社（成都市槐树街 2 号）
网　　址	www.scwys.com
电　　话	028-86259303（编辑部）
传　　真	028-86259306

印　　刷	北京天宇万达印刷有限公司			
成品尺寸	130mm×185mm	开　本	32 开
印　　张	6.75	字　数	108 千字
版　　次	2021 年 12 月第 1 版	印　次	2021 年 12 月第 1 次印刷
书　　号	ISBN 978-7-5411-6061-5		
定　　价	38.00 元		

后浪出版咨询（北京）有限责任公司 常年法律顾问：北京大成律师事务所
周天晖 copyright@hinabook.com

目 录

序

　　大拙君是我始于中学时代的挚友之一。七十岁之老翁尤能回忆当年之事。你从那时就开始与众不同，弱冠之年就超凡脱俗地深入思考人生问题。我们上大学之时，你就已经独自去圆觉寺的僧堂。当时洪川[1]老师尚在，但不久迁化，故而你在宗演[2]和尚门下严受钳锤。尽管也不时来校，却完全与云水禅僧一样，刻苦修行，磨炼精进。如此凡十年，便应卡鲁斯[3]之邀赴美。又旅美十余载，于四十岁时归国。于是或英译

1　洪川，今北洪川（1816—1892），幕末、明治时期的临济宗禅僧。1875 年，应教部省之聘，任镰仓圆觉寺管长。（本书所有注释如无特别说明均为译注，部分参考日译版注释。）

2　宗演，释宗演（1860—1919），明治、大正时期的临济宗禅僧。今北洪川的弟子，任镰仓圆觉寺管长兼圆觉寺派专门道长师家。历访欧美，将"禅"翻译为"ZEN"，传播禅宗。

3　卡鲁斯（1852—1919），德裔美国作家，宗教学者。19 世纪末至 20 世纪初积极推动不同宗教间的对话。与铃木大拙合译《道德经》。著有《魔鬼史》《佛陀教义》等。

佛经，或阐释禅宗，或研究著述至今，年届古稀而尚无止境。著作等身，比起国内，你在外国的佛教学者中更加扬名吧。

不知你是否还记得，你在年轻时就主张佛教应弘扬到全世界，如今想起，果真如此。乍一看如罗汉不食人间烟火，情感却极其细腻；看似大大咧咧，做事却忠实绵密。

我觉得，你大概从不以学者自居，但绝不应当只是把你视为一个单纯的学者，我想你是一个学识渊博、极富洞察力的人。你说屡遭难忍之禅宗人事[1]，叫苦不迭，然而你始终保留一种行云流水般的淡然风情。我朋友众多，广为交往，但如君者凤毛麟角。也许你貌似最不出色，但其实你最为出色。在思想上，我仰仗你之处甚多。

西田几多郎[2]

昭和十五年八月

1　人事，这里特指禅宗之间互相来往的问候致意。即禅宗人情。

2　西田几多郎（1870—1945），日本近代哲学史代表性的哲学家，京都学派的创始人，对大正、昭和时期的哲学思想产生过重大影响。1940年获日本文化勋章。

作者自序

此书原是针对外国人而写，但有人说倘若译成日文，让本国人阅读，或许有所裨益，可资参考，所以便有日译版问世。如果一开始就为本国人写，写法恐怕大不相同，也许会更趋向研究的性质。事已至此，如今也就无可奈何了。

感觉近来日本人龟缩不动，缩头缩脚，但我相信，要想求得真正发展，必须在思想上、精神上实现对外拓展。何况我们不是身怀无价之宝吗？

下面是一则题外话，想起来便顺手写下来：我在英国各大学演讲的时候，曾在剑桥大学三一学院的客房住过一两夜。与教授、高年级学生一起在食堂里会餐，一看菜谱，连日期都是用法语写的，于是询问接待方的布罗德教授，他告诉我说："这是建校以来的惯例。"第二天，有人带我去校长宅邸拜访，当我对院内的草坪表示赞赏时，他说："三百年来一直如此。"从这个意义上说，英国人的贵族气质以及保守气质造就了今天的英国。因此，有人说英国人虚伪，也有人说英国人是最富有教养的民族。

纵观日本的历史，谁是最典型的日本人呢？无论如何，我想举出上杉谦信[1]、伊达政宗[2]、千利休[3]等人。如果他们活在当今，在各个领域登上世界舞台的话，将会发挥什么样的作用呢？我认为，这种以人物为本位的日本文化观亦颇有意义。

北川桃雄[4]君精心翻译此书，大抵合乎吾意。只要理解大致的论点，则足矣。未必期求学术的精确性。另，此书所述，并未全面涉及禅与日本文化，如禅与能乐、谣曲，禅与日本人的宗教观、自然观等方面，当有诸多阐述之处，只好期以他日。

昭和十五年八月
于镰仓

---

1 上杉谦信（1530—1578），战国时期越后国的大名、武将。以川中岛合战著称。后世称其为"军神""越后之龙"。

2 伊达政宗（1567—1636），战国时期出羽国、陆奥国的大名、武将。随丰臣秀吉出兵朝鲜，随德川家康参加关原之战、大坂之阵，巩固了仙台藩的基础。幼时患天花，右眼失明，后世称其为"独眼龙"。

3 千利休（1522—1591），战国时代安土桃山时代著名的茶道宗师和集大成者，日本人称之为茶圣。其"和、敬、清、寂"的茶道思想对日本茶道的发展影响深远。

4 北川桃雄（1899—1969），昭和时期的美术史学者，曾获每日出版文化奖。

第一章

禅的预备性知识

不言而喻，如今关于日本人的道德或修养乃至精神生活，诸多公正且具有正确认识的国内外权威学者在其著述中都一致认为禅宗对日本人性格的形成产生过极为重要的作用[1]。我最近从最具权威的两位外国人的著作——查尔斯·艾略特[2]的《日本佛教》和乔治·桑塞姆[3]的《日本文化史》中看到有关论述，并引用于本书。考虑到多数读者对禅不甚了解，因此先做二三介绍，应该是适当的，且有此必要。然而，这并非易事。对于甚至没有通过阅读、听讲获得概念性知识的人们来说，理解禅尤为困难。因为禅要求超越理论和语言的解释，而且一直让普通读者难以企及。我希望对禅尤感兴趣的人们可以读两三本我的著述。总之，我先在此简单勾勒一下禅的概略，让读者多少了解一些禅对日本人性格及

1　本书根据北川桃雄日译本岩波书店 1964 年版翻译。

2　艾略特（Sir Charles Eliot, 1862—1931），英国外交官、学者，曾任驻日大使。著有《日本佛教》等。

3　桑塞姆（Sir George Sansom, 1883—1965），英国外交官、历史学家，曾任驻日大使。著有《日本文化史》等。

其文化的影响。

禅是在八世纪的中国唐朝兴盛的佛教形态之一。兴起的时间则更早，始于六世纪初从南印度来到中国的菩提达摩。其教义与大乘佛教的基本教义无异。它所教导的自然就是一般的佛教。但是，禅的目的是在印度、中亚，也在中国，剔除——随着它的发展在创始人的教导周围堆积起来的——一切肤浅的见解，教诲佛陀的真正的根本精神。这些所谓"肤浅的见解"，可以说是宗教仪礼、正统教义式的东西，也可以说是依据民族心理特殊性产生的东西。禅希望能直接面对佛陀的精神。

这是什么精神？构成佛教精髓的是什么？就是般若（大智）和大悲。般若大概可以译为"超越性的智慧"，大悲大概可以译为"爱"或者"怜悯之情"。通过般若，人可以透过事物的表象悟见其本质。因此，如果获得般若，我们就能洞彻生与世界的根本意义，消除因个人的利益、痛苦而产生的烦恼。大悲在此时自在地发挥作用。这意味着"爱"不受利己的妨碍，可以惠及万物。佛教的爱可以惠及非生物。一切存在都是现在的生存状态的持续，不论取何种形态，当爱渗透其中之时，成佛将成为注定之事。

禅要唤醒沉睡于我们心中的、被"无明"和"业"的密云重重包裹的般若。"无明"和"业"产生于对知性的无条件屈服。禅拒绝这种状态。因为理性作用表现为逻辑和语言，而禅的自我本身蔑视逻辑。当必须表现自我时，禅总是呈现无言的状态。知识的价值在事物的精髓被掌握之后才得以认识。这是禅唤醒我们超智慧（般若）时所采取的与认识的一般途径截然相反的特殊方法，其意在于磨炼我们的精神。

宋代五祖法演[1]的下面这一段话对于我们理解与以智力、逻辑、文字语言为基础的教义截然相反的禅的方法大有裨益。

> 我这里禅似个什么？如人家会作贼。有一儿子，一日云：我爷老后，我却如何养家？须学个事业始得。遂白其爷。爷云：好得。一夜，引之巨室，穿窬入宅开柜，乃教儿子入其中取衣帛。儿才入柜，爷便闭却，复锁了。故于厅上扣打，令其家

1　法演禅师（1024—1104），北宋中后期临济宗——杨岐禅派的著名禅师。先后在安徽舒州白云山、湖北蕲州五祖寺等任住持。座下最著名的弟子有佛果克勤、佛鉴慧勤、佛眼清远，人称"三佛"。

惊觉，乃先寻穿窬而去。其家人即时起来，点火烛之，知有贼，但已去了。其贼儿在柜中私自语曰：我爷何故如此？正闷闷中，却得一计，作鼠咬声。其家遣使婢点灯开柜，柜才开，贼儿纵身吹灭灯，推倒婢走出。其家人赶至中路，贼儿忽见一井，乃推巨石投井中，其人却于井中觅。贼儿直走归家问爷。爷云：你休说，你怎生得出？儿具说上件意。爷云：你恁么尽做得。[1]

（人问禅为何物，吾以为习禅如习盗。某夜，盗之子见父老，欲承其业。一日，父亲带他夜间潜入豪宅，打开一口箱子，命其入内盗窃衣物，儿子刚爬进箱子，老子就把箱子牢牢锁住，拔腿便跑，跑到门外还大声呼喊："有贼进屋啦！"于是全家喧哗，起身点烛，四处搜寻，并不见偷儿踪影。

可怜儿子藏在箱中，动弹不得，又不知老爸玩的是什么花招，只怪他心肠太狠。强忍愤懑，忽然灵光一闪，计上心

1　典出《宗门武库》，大慧宗杲口述，弟子道谦编。是禅宗古德言行录的纂辑。

头：装鼠，乃作鼠啮声。有丫鬟秉烛来探，刚开箱锁，只见这偷儿掀开箱门，推开丫鬟，"噗"地吹熄烛火，夺路而逃。但听身后众人来撵，这偷儿恰见路边一口深井，旁有巨石一块，偷儿抱起巨石，投入井中。追兵至，绕井聚观，皆道那偷儿是慌不择路，投井亡命了。

这边厢，偷儿却平安回了家，看见老爸，他怨愤交加，老盗说："孩子，你别恼，先告诉我你如何逃生。"儿子便一五一十地说了，老爸欣然大笑："儿子，夜盗之术，你已深得其中三昧了。"）

法演通过这则极端的夜间偷盗术的故事来阐述禅的方法论。禅宗里，弟子向师父请教时，师父会捆其脸喝道："咄，此懒汉奴！"如有僧人向师父提出诸如"我对解脱我们烦恼的真理持有疑问"这样的问题时，师父会在法堂上将其带到众人前面，然后大声呵斥道："大家请看，持怀疑态度者在此！"并且当众将这个可怜的僧人推开。僧人连滚带爬地仓皇逃回自己的房间里，仿佛持有疑问本身就是一种犯罪。在这样一种可以自我进行自在反省的开放性场所，反而令人如迷途孩子般徘徊不知所向。如果有弟子问师父"您懂得佛法吗？"之类的问题，师父会立即回答道："不，我一无所知。"

弟子再问："那么谁懂佛法？"师父大概会随手一指书房前的那根柱子。

虽然有时候禅师会模仿逻辑学家的行为举止，但他们其实完全颠覆了一般推理法和评价标准。不仅如莎士比亚某部戏剧中某个人物所言"美即丑，丑即美"[1]，而且也还是"汝即吾，吾即汝"[2]。正所谓无视事实，颠倒价值。

日本的剑匠经常运用禅的修行法。一个虔诚的弟子前来要求学习剑术，隐居于深山小庵里的师父也只好答应。然而，弟子的日课就是为师父砍木伐薪、溪边取水、劈柴炊爨、洒扫庭除等日常生活琐事，并没有正儿八经的剑术学习。时间一长，年轻人开始不满，自己跑到这深山里来并不是为了给师父当家仆，而是为了学习剑道之技。有一天，他向师父表明心意，要求学艺。师父道："嗯，既然如此……"结果这个小伙子无论干什么事都无法安心了，清晨做饭的时候，师父走过来冷不丁在他背上打一棍子；打扫庭院的时候，随时随地都有可能飞来棍棒。弄得年轻人整天精神紧张，提心吊胆，总是眼观四方，生怕挨打。这样过了几年，

1　典出《麦克白》。

2　典出菩提达摩著《菩提达摩大师血脉论》。

弟子终于做到不论棍棒来自何处都能巧妙躲避不至及身。但是，师父对他还是不依不饶。有一天，师父在火炉旁亲自给自己烧菜，弟子一看，机不可失，便抄起一根大棒，朝师父的脑袋打下去。当时师父正俯身搅拌锅里的菜，却用锅盖挡住了来自弟子的棍棒。这时弟子顿时开悟，认识到自己一直未能理解、望尘莫及的剑道的真谛。他真正感受到了师父对自己无比亲切关爱之心。

这是禅的修行中的不同寻常之处。它依靠亲身体验了解真理是什么，而不是诉诸理智作用和体系学说。后者牵涉技术之细节，其结果只是皮相之见，未能触及事物的核心。理论在棒球比赛、建造工厂、生产各种工业品等时也许很有作用，但在创作直接表现人的灵魂的艺术品、提高创作艺术品的技术、获取正确的生活方式的时候，就显得无能为力。实际上，凡是与纯粹意义的创作相关的事物，都实在"难以传达"，即超越了以论议为主体的悟性的界限。因此，禅的宗旨是"不依靠语言"（不立文字）。

从这一点来说，禅与冠以科学以及假科学之名的一切事物截然相反。禅是体验性的，科学是非体验性的。非体验性的东西是抽象的，对个人经验不太关心。体验性的东西完全属于个人，没有本人的经验作为背景就失去意义。科学意味着系统化，禅与之相反。科学和哲学需要语言，语言却是禅的障碍。为什么呢？因为语言是一种代表，不是实体本身。实体在禅中才有最高价值。禅即使需要语言，其价值也不过是等同于买卖中的货币。人们不会穿货币御寒，不会喝货币止渴。货币应该是当现实的羊毛、现实的食物、现实的水对生活具有实际价值的时候一种可以与它们兑换的东西。然而，人们始终忘记这个再明白不过的事实，不愿意停止存款守财。人们就是在这种状态下记忆语言、玩弄概念的，还自以为聪明。是的，这固然"聪明"，但这种聪明在处理人生各种事情的时候毫无裨益。如果有所裨益的话，今天不正是应该进入黄金时代的千禧年[1]的大好时机吗？

知识大致可分为以下三类：

第一类知识是通过阅读、倾听而获得的东西。我们平时记在脑子里的重要的所有物，即所谓的大部分知识都是通过这种方式获得的。我们不可能走遍地球各个角落，亲自进行调查考察。所以只能依靠别人为我们准备好的地图获取世界

1　千禧年，其概念源于基督教教义，可以简单地理解为一千年。千禧年主义是某些基督教教派正式的或民间的信仰，这种信仰相信将来会有大一统的时代来临以及基督统治世界。

知识。

第二类知识是一般被称为"科学"的东西。这是观察与实验、分析与推理的结果。这类知识比第一类具有坚实的基础，大概因为在某种程度上属于体验性、经验性的东西。

第三类知识是通过直觉的理解方法获得的东西。按照重视第二种知识形态的人的说法，直觉性的知识对事实缺少坚实的基础，所以无法具有绝对的可靠性。但是，作为事实，所谓的科学知识并非完美无缺，其本身具有局限性，因此在发生非常事态，尤其个人发生紧急情况的时候，科学和逻辑根本无暇调动存储的知识与推断，仅仅依靠记忆的知识完全无济于事。因为在这种情况下，精神无法在瞬间唤起存储的一切记忆。然而，直觉性的知识形成各种信仰，尤其是宗教信仰的基础，能够最有成效地应对危机。

禅所要唤醒的正是这第三种形态的知识，与其说它深深渗透于存在的基础，不如说它出自我们存在的深处。

前面稍微涉及细枝末叶之事，总之，关于佛教精神的自觉，从禅对理性作用所持有的这个根本性态度来观察，我们可以知道在禅的氛围里一般存在着对世间事物的某种特殊的思考方式和感受方式。这就是：

一、禅是聚焦精神的结果，忽视形式。

二、禅在任何形式中都能发现精神的确切存在。

三、由于形式的不完整、不完善，精神尤显突出。因为形式的完整容易让人们的注意力转向形式，而难以转向内在的真实。

四、否定形式主义、因循主义、仪式主义的结果就是，精神暴露无遗，回归其孤绝性、孤独性。

五、超越性的孤高，或者说这种"绝对的"孤绝是修得主义（苦行主义、禁欲主义）的精神。对一切不需要的东西，都不留下丝毫痕迹。

六、所谓"孤绝"，以世俗语言表达，就是无执着。

七、如果把"孤绝"的意思理解为佛教所说的"绝对"，则沉落于森罗万象之中，从被视为最卑微的野草到被称为最高形态的物象所构成的森罗万象。

以上算是开场白。以下将从美术、武士道的发展、儒教、教育的研究与普及、茶道的兴盛等方面论述禅宗对日本文化以及日本的性格形成所产生的作用，其他方面则见机涉及。

第二章　禅与美术

一

　　前面对禅所阐发的氛围略加叙述，现在进而思考禅对
日本文化的形成作出什么样的贡献。禅以外的佛教各派对日
本文化的影响范围似乎仅限于日本人生活中的宗教性方面，
但唯有禅超越这个范围。这是具有深远意义的事实。禅已经
深深渗透于日本国民文化生活的各个层面。

　　中国的情况未必如此。虽然禅与道教的信仰及其实践、
儒教的道德广泛结合，但对国民文化生活的影响不及日本。
（日本人如此热心地信奉禅，使之渗透于生活，是起因于其
民族心理吗？）然而，必须看到，禅在中国对宋学[1]的成熟
以及对某个绘画流派[2]的发展产生过极大的影响，这一点不
容忽视。这个流派的绘画在镰仓时代初期通过日中两国间从
未中断的禅僧的来往传到日本。南宋的绘画从此在大海彼岸

1　宋学，指宋明理学。

2　指具有"一角半边式"特点的马远、夏圭、玉涧等画家的山水画流派。

发现其热忱的赞美者。这种绘画现在已成为日本的国宝，而在其故乡却很少见到。

在进一步阐述我的论点之前，先讲述我留意的日本艺术的两三点特征。这与禅的世界概念密切相关，最终可以从中类推出来。

日本人艺术才华的显著特色之一可以说是源于南宋大画家马远的"一角式"。此"一角式"，从心理上看，就是日本画家所说的"减笔体"，与在绢本、纸本上使用最少的线条、笔画表现物体形状的传统手法相关。二者都与禅的精神高度一致。轻波荡漾，一叶扁舟[1]，足以在观者心中唤起大海苍茫辽阔以及平和宁静的双重感觉——"孤绝"的禅的感觉。小舟浮在水面，看似摇摆不定，构造极其原始，既没有保持稳定的机械性结构，也没有搏击风浪而前行的舵，缺少应对各种天气的科学装置。总之，与几万吨的现代巨轮形成明显的对照。然而，这"摇摆不定"正是渔舟的美德，对照之下，我们可以感受到小舟及其周围一切"绝对物"的无限。再看《枯枝独鸟图》[2]，一笔线条，一抹暗影，一块画

---

1 指马远《寒江独钓图》。

2 指牧溪《叭叭鸟图》。

马远《寒江独钓图》

牧溪《叭叭鸟图》

面，都无赘笔，为我们充分展示白昼渐短的情景，将大自然绚丽绽放、丰饶繁茂的夏季收入画卷之中，呈现出秋日的岑寂。这虽然令人们的心情略含惆怅，却给予了我们关注内心世界的机会。如果睁大心灵的眼睛，其中的丰富宝藏就会毫无保留地尽情展示在我们面前。

这一点，就是我们从多样性中鉴赏的超越的孤绝性——日本的文化辞典称之为空寂[1]。空寂的真正意思是"贫困"，消极地说就是"身居时尚社会，又格格不入"的含义。贫

---

1 空寂，原文是"わび"（也写成"侘び"，读音wabi），它与"さび"（也写成"寂び"，读音sabi）形成文艺美学的核心要素，所以被人们相提并论。二者虽然有含义相通之处，其实原本是两个不同的概念，但现代往往混淆。简单地说，"わび"是从朴素简陋中发现美，从不满足的状态中产生静寂的情趣。主要表现在茶道、俳句上，所谓"侘び茶"就是重视简朴、粗陋、闲静的形式，脱离世俗的价值观。松尾芭蕉主张俳句作者心情的闲寂淡然，庭院崇尚枯山水。"さび"则强调时间，岁月的流淌使物质丧失生命力，着眼于从岁月侵蚀后产生的锈迹、污脏、残缺等劣化现象，欣赏由此形成的独特之美。"さび"的产生是因为空寂、枯淡的空间的情趣需要时间老化这个要素。松尾芭蕉也重视这个概念。总之，"わび"是在质朴的外观中发现美，"さび"是在古老、空寂的空间中发现美。因为二者含义的多样性、复杂性、交叉性、抽象性，没有与之相对应的中文词汇，所以我国译者的翻译不尽相同。本书主要根据其背景环境和语境，一般把"わび"译为"空寂""枯寂"，把"さび"译为"闲寂"。

困，即不依靠世间之事物——财富、势力、名望，而且感觉其心中存在某种超越时代和社会地位的、具有最高价值的东西，正是这种东西从本质上构建了空寂。如果以日常生活用语表达，空寂就是居住在类似梭罗[1]的圆木小屋的两三张榻榻米大小的小屋子里，有一盘从屋后的田间地头采摘来的菜蔬则心满意足；或是倾听宁静的潇潇春雨。我将在后面进一步阐述空寂，这里只是强调一下空寂之道已经深深渗透进日本人的文化生活。实际上，这是对"贫困"的信仰，大概是极其适合日本这块土地的道。即使近代西方的奢侈品以及生活消遣品大量涌进日本，也难以根除我们日本人对空寂之道的憧憬之心。即使在理性的生活中，也不去追求理念的丰富，不去追求新颖华美、装腔作势的思想的罗列以及哲学体系的建构手段。满足于在静心安居中思索神秘的"自然"，并与整个环境同化，这对于我们——至少是我们中的一部分人——是透彻身心的乐事。

1　梭罗（1817—1862），美国作家、自然主义者、哲学家。1845年在瓦尔登湖滨建起木屋，过着与自然融为一体、自给自足的简朴生活。他在此生活了两年，认为找到了一种理想的生活模式，不断对世界进行深刻思考，写出了影响至深的著作《瓦尔登湖》。

虽然我们是在高度"文明化"的人造环境中长大，其实心中都对贴近自然生活状态的原始单纯性存在与生俱来的憧憬。因此，人们在夏天到森林里露营，去沙漠旅行，去前人未至的道路行走，等等，希望以此暂时回归大自然的怀抱，直接感受大自然的呼吸。禅的心理习惯就是打破一切人造的形式，切实把握其背后的真实，这有助于日本人不忘土地、亲近自然、体验质朴的单纯。禅不喜欢存在于生活表面的复杂性。生命本身极其单纯，但如果以理智之力衡量生命，映照于分析之眼中的将是无与伦比错综复杂的千姿百态。即使调动科学的全部手段，至今依然不可估量生命的神秘。但是，一旦置身于生命的波涛本身，尽管其表面具有无限的错综复杂性，其实还是可以理解的。不是外在、而是内在地把握生命，这大概是东方人最具特色的秉性。禅发掘的正是这种秉性。

如果过分注意、强调精神的重要性，就会导致无视形式的结果。"一角式"和笔触的简略化都是从因循主义的法则中产生孤绝的效果。一笔线条，一块画面，一般情况下不会形成人们所期待的平衡两翼，然而这样的画法却能唤起心中意外的愉悦感。尽管这些都是明显的不足和缺陷，却令人感觉不出来。其实，这种不完整本身才是完整的形态。不言而喻，美所指的未必就一定是形态的完美。岂止是不完美，日本美术家所得意的高超技巧之一，可以说就是在丑陋的形态中体现美。

如果这样的残缺美含带着古朴或古拙（原始性的粗犷），就会产生日本的鉴赏家所欣赏的闲寂。古朴和原始性也许没有现实感，但美术品只要在表面上呈现历史时代感，就存在闲寂。闲寂存在于带有乡土气息的稚朴和古拙的不完美里，存在于外观的单纯和做工的随意里，存在于丰富的历史遐想（不必一定是现存的）里，而且最后还包含着将该物品提高到艺术品水平的、难以说明的要素。一般认为，这些要素来自对禅的鉴赏。茶室内所使用的道具等多具有这种特性。

从字面理解，"闲寂"就是"孤绝""孤独"的意思，但构成枯寂的艺术性要素，茶道宗匠通过诗歌语言这样定义：

櫻花红叶遥望无，

夕暮茅屋岸边秋。

——藤原定家[1]

　　孤绝其实是诉诸思索，不喜欢哗众取宠的张扬宣示，看上去甚觉惨淡、无价值、令人怜悯，尤其与西式以及近代式的工具进行比较时，其感尤深。犹如被孤独遗弃在既无风幡飘动，也无焰火燃放之地，或是置身于形形色色、无穷变化的物体形状与物体颜色华美绚丽的景致之中时所感觉的无法忍受的寥寂。可以想象一下，例如将寒山、拾得[2]或其他什么人的水墨画挂在欧美的美术馆里会给观众产生什么样的心理效果。孤绝是东方的观念，只有在诞生这种观念的环境

1　藤原定家 (1162—1241)，镰仓时代前期的歌人。《新古今集》编撰者之一。官至权中纳言，受后鸟羽院的赏识，担任"千五百番歌合"的作者和判者，为宫廷歌坛第一人，也被尊为中世和歌之祖。定家对和歌的贡献是开拓一个与万叶的现实主义歌风迥然相异的古典主义方法论和唯美的艺术世界，创作许多具有强烈古典主义色彩和浓郁的象征性的优秀作品。著有歌集《拾遗愚草》、歌论《每月抄》、日记《明月记》等。

2　寒山、拾得，唐代天台山国清寺高僧，佛教史上著名诗僧，并称"寒拾"。行迹怪诞，传为文殊菩萨与普贤菩萨的化身。

中才能感受到它的亲切。

不仅是秋日黄昏的渔村，早春初萌的嫩绿也会产生孤绝，而且更能表现枯寂、闲寂的观念。这初春的嫩绿，从以下这首三十个日文音节的和歌可以知道，显示着在寒冬荒凉的深处也存在生命的勃动。

　　　　一心待花人，

　　　　山间雪底萌嫩草，

　　　　盎然见春痕。

　　　　　　　——藤原家隆 [1]

以前的茶道宗匠往往以这首和歌为例，以为最贴切地表现茶道的指导原理——闲寂。这首和歌借用嫩草的形态，讴歌生命力的萌动。有慧眼的人就很容易从荒凉的雪堆下发现春天的萌芽。拨动他心弦的也许只是一种暗示，却同时也是生命本身，不仅仅只是微弱的征兆。对于艺术家来说，与遍野碧绿、满山鲜花的时节一样，这里面也存在充满活力的

1　藤原家隆（1158—1237），镰仓时代前期的歌人，《新古今集》撰者之一。他的作品可以和定家媲美，擅长叙景歌，歌风清澄。

妙喜庵茶室（内景）

朝云庵茶室（外景）

生命。大概这也可以称为艺术家的神秘感吧。

日本的艺术显著特点之一是非对称性。这个观念显然源于马远的"一角式"。最直接大胆的例子就是佛教寺院的建筑设计。山门、法堂、佛殿等主要建筑都建在一条直线上，但次要或附属的建筑物，有时甚至更重要的建筑物，并不对称地分列主轴线两侧，后者依地势特点不规则地分散各处。只要到山间里的寺院，例如日光寺[1]走一走，就很容易看到这个特点。可以说，非对称性是这类日本建筑的特色。

这从茶室的构造也可以得到印证，至少由三种不同样式构成的顶棚、部分茶道道具、庭院里的踏脚石的摆设方式、脱鞋处的放置方式等，我们可以从中发现很多非对称性或者非完整性或者"一角式"的形态。

日本的某些道德家认为，美术家们喜欢这样非对称地构成事物，是一种具有排斥传统（不如说是几何学）的美术规则的倾向。他们论述道：日本人习惯顺从于不出风头、自我谦卑的道德，而且这种自毁的心理恶习也自然而然地在美术作品中表现出来，例如在重要的中央空间留下余白。在我

1　日光寺，指栃木县的日光东照宫。

看来，这种论调实属谬误。我认为这样的解释更为贴切：日本人的艺术天才视每个事物本身为完整之物，同时受到禅的方法的启迪，又认为每个事物都体现出属于"一"的"多"的性质。

即使是脱俗的唯美主义，也不像禅关于"美"的理论那样直指本源。因为艺术冲动比道德冲动更具有原始性，属于与生俱来。艺术诉诸的力量直接深入人性。道德是规范，而艺术是创造。前者是从外面的插入，后者是发自内心的难以抑制的表现。禅会与艺术相结合，却不会与道德相结合。禅即使无道德，也不可能无艺术。日本的美术家从形态的角度创作出不完整的东西时，或许将这种艺术动机勉强归结于当代的道德性苦行主义观念，但他们这种附和评论家所做出的解释并没有什么意义。我们的意识归根到底不能成为过分依靠的判断标准。

无论如何，非对称的确是日本美术的特点。另外，非对称性也让清爽或者说是美感成为日本美术的一个显著特点。对称会产生优美、庄严、厚重的感觉，但这与如前所述的逻辑性形式主义以及抽象观念的堆积如出一辙。由于理智未能充分渗透进基本文化里，日本人往往被视为不具有理性和哲学性。我认为这个评论与日本人爱好非对称多少有关。

理智原本希望平衡，日本人具有喜欢不平衡的强烈倾向，所以往往忽视理性。

非均衡性、非对称性、"一角"性、贫乏性、单纯性、闲寂、空寂、孤绝性等形成日本的艺术以及文化最显著特性的这些观念，都源于对"多即一、一即多"这个禅的真理的核心认识。

二

禅之所以能激发日本人的艺术冲动，禅的独特思想为艺术作品增彩添色，大致有以下几个因素：镰仓、室町时代，禅院成为学问、艺术的仓库；禅僧有机会接触外国文化；普通人，尤其是贵族视禅僧为素质修养的倡导者并予以尊重；禅僧本身就是艺术家、学者、神秘思想家；他们在当时执政者的鼓励下从事商业活动，从国外带回来很多艺术品和工艺品；日本的贵族阶级和政治上的统治阶级都是禅门的赞助者，心甘情愿地进行禅宗修行，等等。如此一来，禅不仅对日本的宗教活动产生直接的影响，而且渗透进大众文化里。

天台、真言、净土等各宗在将佛教精神深入渗透到日本人心中这方面都作出巨大贡献，它们以佛德具现为宗旨，促进了雕刻、绘画、建筑、织物、金属工艺等的繁荣发展。但是，天台宗的哲学过于抽象繁琐，人们无法理解；真言宗的仪式复杂繁冗，结果让大家花费过高。真言、天台创作雕刻、绘画以及平时信仰仪式时使用的美术性器具，其中获得最高评价的国宝多是在这两个宗派兴盛时期，与日本的文化阶级关系密切的奈良、平安时代创作的。净土宣扬无比庄严的极乐净土，认为诸多菩萨跟随其后的无量光佛就在其中。美术家深受感悟，描绘出庄严的佛画，至今依然保存在日本的各种寺院里。日莲宗和真宗创造了日本式的宗教心理。但日莲宗并没有给予我们艺术、文化的启迪。真宗略显出破坏佛像主义的过分倾向，除了亲鸾上人[1]的和赞[2]和莲如上人[3]的《御文》之外，在美术、文学方面没有留下可值得一提的

---

1 亲鸾（1173—1263），镰仓时代初期僧侣，创建净土真宗。明治维新前，净土真宗是日本唯一许可僧人娶妻生子的佛教教派。

2 和赞，日语的佛教赞歌，七五调四句为一节。如《阿弥陀和赞》《极乐六时赞》等。

3 莲如（1415—1499），室町时代净土真宗僧人。

作品。

禅宗继真言宗、天台宗之后进入日本，立即得到武士阶级的支持。禅之所以被视为反贵族僧侣阶级，多少出于政治、历史的原因。当时，贵族对禅十分反感，利用政权采取反对禅的行动。因此，日本禅宗史开篇就是禅逃出京都，在镰仓的北条[1]家族的庇护下发展起来的故事。当时的幕府所在地镰仓成为禅修的根据地，来自中国的很多禅僧就定居镰仓，获得北条时赖、北条时宗以及他们的继承人、家臣最强有力的支持。

中国的禅师们带来很多美术品和美术家，从中国回国的日本人也带回来美术和文学作品。牧溪、梁楷、马远等人的绘画就是这样传到日本的。中国著名禅僧的书法也收藏在日本的禅寺里。东方的书法与水墨画一样，也是艺术，过去的知识阶级在这方面几乎都有深厚的修养。贯穿于绘画、书法中的禅的精神对日本人产生了强烈的震撼力，日本人立即将其吸收，视为典范。这其中蕴藏着某种强劲不屈的男性气

---

1 北条氏是镰仓幕府的执权（实为幕府的最高执行人），自协助源赖朝消灭平氏后，从第二代北条义时起掌握了镰仓幕府的实权。北条时赖、北条时宗分别是第五代、第八代执权。

质。就这样，先前书画作品中的温雅优美的风格——可称之为女性气质——被雕刻、书法所表现的男性风格所取代。关东武士的刚毅果断的特性甚至成为语言文化中的格言，与京都朝臣的优美洗练形成明显的对照。武士气质强调神秘思想与来自世俗的孤绝的、诉诸意志的力量。从这个特殊点来看，禅与武士道精神相辅相成。

禅的修行，更准确地说，在禅践行其教义的禅院生活中，还有其他特点。禅院通常建造于山林之间，与"自然"密切接触，禅僧便自然而然地以亲切同情之心向"自然"学习。他们观察城里人往往不太留心的山川草木、飞禽走兽等自然万物。他们观察的特殊之处与其说深刻反映了他们的哲学思想，不如说是反映了他们的直觉。禅僧不是博物学家那样进行表面观察，而是一定要深入到观察对象的生命内部。所以，他们无论描绘什么，都是对直觉的表现，可以令人感觉到其作品中平静地流淌着"山云的精神"。

禅师们既然对艺术具有感受性，那么通过磨炼获得的根本性的直觉就必然激发出他们的艺术本能。直觉显然与艺术感情密切相关，禅师们依此创造美，即通过丑陋或不完整的东西表现完整的美。禅师中许多人即使不能成为优秀的哲学家，也能成为杰出的艺术家，而且他们总是精通什么特殊的、具有独创性的表现手法。吉野至室町时代的梦窗国师[1]便是一个典型的例子。国师擅长书画，还是卓越的园艺家。他在日本各地设计了许多出色的庭园，其中有的历经岁月风雨后依然留存至今。十四、十五世纪著名的禅宗画家中，可以列举出兆殿司[2]、启书记[3]、如拙[4]、周文[5]、雪舟[6]等。

---

1 梦窗国师（1275—1351），即梦窗疏石，镰仓末期至室町初期的临济宗僧人。创建甲斐的惠林寺和京都的临川寺、天龙寺。擅长园艺，设计并建造天龙寺、西芳寺（苔寺）的庭院。著有《梦中问答集》《临川寺家训》等。

2 兆殿司（1352—1431），即明兆。室町时代初期的画僧。因曾任东福寺殿司，故又称兆殿司。多绘高僧图像，墨色线条与强烈色彩对比鲜明。代表作有《五百罗汉图》《圣一国师像》等。

3 启书记（？—1490），即祥启。室町后期画僧，建长寺书记。擅长山水画，线条粗犷，画风质朴，为镰仓水墨画的代表。作品有《山水图》等。

4 如拙（1375—约1420），南北朝至室町时代中期的画僧。曾在京都石济寺学画，后博采众长，作品融合生活情趣，表现幽默的艺术美。代表作有《瓢鲇图》《王羲之书扇图》等。

5 周文（1420—约1450），室町时代的画僧。相国寺僧人，后成为室町幕府的御用画师。他擅长山水画，融入中国水墨画风格，表现细腻。作品有《竹斋读书图》等。

6 雪舟（1420—1506），室町时代的画僧。曾在京都相国寺修行，师从周文。1467年到明朝学习水墨画，回国后，居云谷庵，周游日本，研究中国宋、元绘画。画风雄浑自然，极富个性，被誉为日本中世水墨画之集大成者。作品有《四季山水图》《山水图》等。

《中国的神秘思想与近代绘画》的作者乔治斯·达斯伊特似乎能够深刻理解禅的神秘精神。他这样写道：

> 中国的美术家绘画时，最重要的是聚精会神以及按照意志之命令一气呵成进行创作。他们的传统方法是，在落墨之前，先对描绘的对象进行总体的观察，更确切地说，是进行感觉。他们说："神乱则囿于外形。"更有人说："欲作画，熟虑，然后走笔，此离绘画之术甚远。"这看似是一种机械化的运笔。又说："十年画竹，而让此身化为竹，而后画竹，忘却与竹相关的一切。此时无疑已经掌握技巧，故而如今只任情于天降之兴。"

自身化为竹，甚至忘却画竹时自己已经与竹化为一体，这难道不就是竹之禅吗？这是画家本人心中有、竹中也有的与"精神律动"的互动。他必须牢牢把握精神，而且要做到无意识地把握。这是需要经过长期精神磨炼才能获得的极为困难的境界。东方人自其文明之初以来就一直受到这样的教导：要想在艺术和宗教领域有所成就，首先必须专心致志地进行这种修行。禅以"一即多，多即一"这句话表达这种思想。在充分彻底理解这一句话以后，才会产生创造的天才。

准确完整地理解这句话的含义极为重要。这句话容易令人想到泛神论的意思。在禅的研究者中，也有人同意这种解释。这种现象实为遗憾：泛神论与禅绝对无缘，同时也与艺术家理解自己的工作完全无缘。禅师所说的"一在于多，多在于一"，并不意为存在"一"和"多"这样的事实，且"一"和"多"分别存在于对方之中的意思。由于没有正确理解"一在多中"的意思，就会把禅想象为泛神论。但是，禅所说的"一"和"多"并非相互独立。所谓"一即多，多即一"，应该理解为这就足以完整表达绝对事实，不应对事实加以分析、构建概念。看见月亮，知道这就是月亮，足矣。这种经验是绝对的。如果有人对此进行分析，并试图建立认识论，那么他就不是禅学者。如果禅学者采用分析学者的方法，那就意味着他放弃禅学者的资格。禅，只尊重自己的经验，拒绝与任何哲学体系达成妥协。

禅即使对理性作用作出让步时，也会避免用泛神论的方式解释世界。换言之，禅说"一"的时候，也不承认其存在。即使采取仿佛承认其存在的说法，那也只是对我们平时熟悉习惯的语言文字表示敬意而已。对禅者而言，一即多，多即一。二者在任何时候都具有同一性，不应将二者区分为这是"一"，那是"多"。用僧人的口头禅说，就是万物之态皆真如实相。所谓真如，就是无。即万物在于无之中。出无而入无。真如即无，无即真如。

下面这则公案有助于理解禅对所谓的泛神论世界观的态度。

　　唐代有一僧侣，问投子（大同禅师）："一切声是佛声，是否？"

　　投子回答道："是。"

　　僧又问："和尚莫屎沸碗鸣声？"（和尚发出的莫非如淤泥发酵咕嘟咕嘟之声乎？）

　　投子闻之，打僧侣一棒。

　　僧又问："粗言及细语，皆归第一义，是否？"（对悟者而言，无聊之诽谤亦表现终极真理，是否？）

　　投子云："是。"

　　僧云："唤和尚作一头驴得么？"

　　投子又打他。

《碧岩录》

必须用浅显易懂的文字解释这一番问答。我认为，泛神论主张所有的声响、声音都出自一个"实在"的源泉，即"唯一神"。"他亲自将生命、呼吸和万物赐予所有的人们……"（《使徒行传》第十七章第二十五节）"我们生活、活动、存在于神中"（《使徒行传》第十七章第二十八节），如此一来，禅者嘶哑的声音也变成佛陀的金口发出的抑扬顿挫的声音而响亮回荡；即使诽谤高僧像头驴，也必须视这样的诽谤能反映出某种终极真理；一切恶也多多少少体现了真善美，所以必须说它为真实存在的完成作出了贡献。更进一步具体地说，恶是善，丑是美，伪是真，不完整是完整，反之亦然。其实这是认为万物皆有神性的人们所陷入的推论。人们历来经常批评的、对禅的解释中也有同样的倾向。

然而，投子对这样的理性解释立即予以反击，对僧侣当头一棒。僧侣以为自己的问话从开始的判断就在逻辑性上环环相扣，心想大概没有给和尚留有余地。然而，和尚与所有的禅师一样，十分明白语言的解释对这样的僧侣毫无用处。因为语言的阐释会越说越复杂，变得没完没了。让这种僧侣从概念理解的虚伪中醒悟的唯一有效方法就是棒打，而且让他自己去体验"一即多，多即一"的含义。必须让这个僧侣从逻辑性的梦游症中醒过来，所以投子使用了粗暴的手段。

雪窦对此有一诗评论：

> 可怜无限弄潮人，
> 毕竟还落潮中死。
> 忽然活，
> 百川倒流闹聒聒。

这里需要顿悟，以此自觉彻悟禅的真理——不是超越论，不是内在论，也不是二者的结合。投子这样阐述这个真理：

> 僧问:"如何是佛？"
>
> 投子云:"佛。"
>
> 又问:"如何是道？"
>
> 投子云:"道。"
>
> 又问:"如何是禅？"
>
> 投子云:"禅。"
>
> ——《碧岩录》

举一例解读这个论点。

一僧问唐代的禅僧赵州："至道无难唯嫌拣择，如何是不拣择？"（"完全之道"并不难，但不喜分别。何谓"无分别"？）

州云："天上天下，唯我独尊。"

僧云："此犹是拣择。"（这里不是还有一处分别吗？）

州云："田厍奴，什么处是拣择？"（这蠢家伙！哪里还有什么分别？！）

僧无语。

——《碧岩录》

禅师所说的"分别"，意为不是原原本本地接受事实，而是通过反思分析，使之变成概念，运用理性作用，结果就会陷入循环论法。赵州的断定具有决定性，不容逃遁，也不容争辩。我们只要从表面意思予以理解，并以此满足就够了。当我们不理解的时候，必须暂时搁置一边，从别处寻找自我顿悟。这个僧侣不理解赵州身在何处，所以还追问"这里不是还有一处分别吗"。其实，进行"分别"的是在僧侣一边，不是赵州一边，所以"唯我独尊"在他这里不能理解，他也就变成"这蠢家伙"了。

如前所述，"一即多，多即一"这句话，不能分析为有"一"和"多"两个概念，又在二者之间放一个"即"字。这里不能运用分别，必须原原本本地接受，毫不动摇。这才是我们需要做的。和尚的打骂不是徒然泄愤，不是脾气急躁，而是出于将弟子从陷阱中救助出来的一片拳拳之心。因为争论已经徒劳无益，语言的说服已经无济于事，唯有师家懂得把弟子从逻辑性的死胡同里拖出来，为他开辟一条新路的方法。因此，我们只要跟随就可以。跟着他走，我们就能回到"本住地"。

可以称之为对"一即多，多即一"这个事实的直观性或体验性理解的，都是佛教各派教导的佛法第一要义。用《般若经》的话说，就是"空即是色，色即是空"。空是"绝对"的世界，色是特殊的世界。禅有一句最普通的话："柳绿、花红"。这句话直接展示了特殊的世界，所以在这个世界里还会有竹直、松曲，我们原原本本地接受这些体验、事实。禅不是否定的、虚无主义的，但同时，特殊世界所经验的全部事实在并非相对意义，而是在绝对意义上又一切皆空。所谓绝对意义上的空，并非通过逻辑分析法所获得的概念，而是指竹直、花红等体验事实本身，是坦率承认直观或知觉的事实。当心的注意力不是指向外在的理性作用，而是指向内部时，就会领悟一切出于空，一切归于空。我希望大家知道：这里所说的"往还"，大家一定会认为似乎有"往""还"两个方向，但其实只有一个动作。这种动态性的同一作用，是我们体验的基础，展示着一切生活活动。禅教导我们应该深入挖掘，直到这个基础。对"如何是禅"这个问题，禅者的回答无论是"禅"还是"非禅"等，都出于这个见解。

我们现在知道，水墨画的原理出自禅的体验，其直接性、单纯性、运动性、精神性、完整性等东方水墨画的各个特点都与禅有着有机的关联。与禅一样，水墨画也不存在泛神论。

第三章　禅与武士

如果说禅与武士阶级的精神有关联的话，不管是什么样的关系，也许令人感觉不可思议。佛教在世界不同的国家无论因什么形态而兴盛，都是以慈悲为本的宗教。佛教发生过多次历史变迁，但都没有参与好战活动。那么，禅为什么会成为鼓励日本武士的战斗精神呢？

　　首先，禅在日本从一开始就与武士生活密切相关，但并没有暗示他们去从事血腥的职业。只是当武士由于某种原因入禅以后，禅被动地支持了他们。禅从道德和哲学这两个层面激励武士。从道德上说，因为禅是一种主张一旦决定自己的人生道路就义无反顾的宗教；从哲学上说，因为禅平等地看待生与死。虽然这种义无反顾，归根结底，来自哲学式的坚信，但因为禅原本是意志的宗教，所以禅不是哲学性地，而是道德性地诉诸武士精神。从哲学观点来说，禅反对理性主义而重视直觉。因为直觉是抵达真理的捷径，所以不论是道德上还是哲学上，禅对武士阶级都极具吸引力。武士阶级的精神比较单纯，完全不会沉溺于哲学性的思索——这是武士的本性之一——理所当然地，他们从禅里发现了适合自己的精神。这大概是禅与武士产生密切关系的主要原因之一。

其次，禅修行的单纯、直接、自恃、克己，这种戒律倾向与武士的战斗精神高度一致。武士必须专心致志地关注眼前的对手，不能左顾右盼。对于他来说，勇往直前，歼灭敌人，就是一切。因此，他不能受到任何物质、感情、理性方面的干扰。如果武士的心里泛起哪怕是丝毫的理性疑虑，就会对他的行动造成巨大的障碍。在他准备采取最有效的行动的时候，种种情感和物质的纠缠是最可怕的干扰。出色的武士大体都是禁欲戒行者或自律修道者。就是说，他们具有钢铁般的意志。而禅则在必要的时候，把这种思想传授给他们。

第三，禅与日本的武士阶级有很深的历史渊源。一般认为，把禅介绍到日本的第一位僧侣是荣西[1]。但他的活动范围仅限于京都。京都是当时旧佛教的大本营，由于僧侣的强烈反对，几乎不可能在这里创建新宗教。荣西只好在某种程

---

1 荣西（1141—1215），镰仓初期禅僧，日本临济宗的开祖。在比睿山学习天台宗，两次到宋朝学习，回国后传播临济禅宗，在镰仓建寿福寺。在京都建立的建仁寺成为天台、真言、禅三宗的道场。他还将茶引进日本。著有《兴禅护国论》《吃茶养生记》等。

度上与天台宗、真言宗妥协，采取调和的态度。然而，北条氏盘踞的镰仓就不存在这样的历史性难题，而且，继反抗平氏[1]及其公卿而兴起的源氏[2]之后的北条时代[3]就是武士阶级。平氏及其宫廷贵族沉湎于享乐文化，加上优柔寡断，导致堕落，丧失统治权。北条时代以厉行节俭和道德修养、强有力的行政和军事力量著称于世。这些强大的政治统治领导对于宗教的态度，摈弃传统，心怀以禅，将禅作为精神指南的理

1　平氏，这里指平氏政权。平清盛以京都六波罗为据点形成的武家政权。通过保元、平治两次内乱，平清盛为后白河上皇所倚重，于1167年任太政大臣，并取得与摄关家同样的资格，其全族成为公卿及殿上人，参与国政，建立统治系统。1179年，平清盛幽禁后白河上皇，完全掌控朝政。次年，以仁王讨伐平氏，天下响应，平氏最终被源氏消灭，平安时代也随之结束。

2　源氏，这里指镰仓时代（1185—1333），以镰仓为全国政治中心的武家政权时代。源赖朝于1185年击败武士家族平家后，在镰仓建立幕府。赖朝死后，幕府实权落到北条家族手中。

3　北条时代（1199—1333），1199年，源赖朝去世后，幕府的政权由其妻北条政子与岳父北条时政掌握，北条氏自称"执权"。1219年，北条政子成为最高统治者。此后，幕府的政权被北条氏所世袭的执权所领导。1232年，北条氏制定《御成败式目》，作为武士的准则。1333年，足利高氏攻陷镰仓，最后一代执权北条守时自杀，镰仓幕府灭亡。

念。禅从十三世纪开始，经过足利时代[1]，甚至到德川时代[2]，对日本人广泛的文化生活产生了各种影响。

禅不具备一套完整的特殊理论、哲学概念或理性法则，其目的只是把人从生死的羁绊中解脱出来，而且利用自身特有的直觉的理解方法予以实现。因此，只要这个直觉性的教导没有受到干扰，禅就比任何哲学、道德论、经济论更富有应用自如的灵活性。然而，可以说，禅也是革命精神的鼓吹者。其内在蕴含的要素既可以成为激进的叛逆者，也可以成为顽固的守旧派。濒临危机——不论何种意义的危机，禅则显露出锐利的锋芒，左右开弓，成为打破现状的革新力量。镰仓时代的精神在这一点上与禅的男性精神互相呼应。日本有这样的说法："天台是宫家，真言是公卿，禅是武家，净土是平民。"这句话生动地道出日本佛教各宗派的特点。天台和真言注重仪礼，举行各种各样的仪式，极尽繁琐复杂、华丽奢靡之能事，投时尚优雅的上层阶级之所好。净土宗的

---

1 足利时代，即室町时代（1336—1573）。指足利氏在京都开设幕府，掌握政权的时代。前期称为南北朝时代，1467 年应仁之乱后称为战国时代。

2 德川时代，即江户时代（1603—1867）。德川家康在关原之战中获胜后，被任命为征夷大将军，自 1603 年在江户开设幕府起，到 1867 年德川庆喜大政奉还止，共 265 年。

信仰和教义比较单纯，自然而然适合平民的要求。禅宗为了实现终极信仰，除了选择最直接的方法外，还要求在实行时具有异乎寻常的意志力。对武士来说，意志力是绝对必须的。当然，禅不仅需要意志力，还必须依靠直觉达到开悟。

北条氏的第一个修禅者是继任北条泰时执权的北条时赖（1227—1263）。他把京都的禅师召集到镰仓，还直接从中国南宋请来禅师，在他们的指导下，满腔热忱地埋头研究禅，最终深得禅之妙义。他的成功极大地启发了家臣们，大家都争先恐后地效仿主君。

时赖经过二十一年的不懈努力，终于在中国禅师兀庵[1]的指导下获得觉悟。当时，兀庵为这个著名的弟子写下这样一首诗偈：

> 我无佛法一时说，子亦无心无所得。
>
> 无说无得无心中，释迦亲见燃灯佛。

---

1 兀庵，即兀庵普宁（1197—1276），南宋临济宗杨岐派僧人。日本临济宗兀庵派之祖。宋理宗景定元年（1260）东渡日本，在京都受到幕府北条时赖器重，任镰仓建长寺住持。晚年移居温州江心龙翔寺。谥号"宗觉禅师"。其门流称兀庵派，为日本禅宗二十四派之一。

时赖的执政很出色，1263年去世，年仅三十七岁。他悟到死期将至，便身着袈裟，盘腿坐禅，口吟辞世之诗，平静而去。

业镜高悬，

三十七年。

一槌打碎，

大道坦然。

北条时宗（1251—1284）是时赖的嫡子，1268年继承父业时才十八岁。他是日本最了不起的人物之一。如果没有他，日本的历史也许就不是现在这个样子。在1268年至1284年执政期间，他彻底粉碎了蒙古人长达数年的入侵（元寇）。在大祸即将降临日本头上之时，时宗消灾祛难，被大家视为上天派来的使者。他的人生与这一起日本史上最严重的事件一起终结。他短暂的生涯十分单纯，把自己的一切都献给了这起事件。当时他是全体国民唯一的寄托。他不屈不挠的精神鼓舞着全体国民。他的存在化作团结一致的军容，面对西海的狂涛巨浪，如峭岩绝壁挺拔兀立。

然而，更令人惊叹的是，这位几乎可以说是超人的人物具有在中国禅师们指导下学习禅宗的时间、精力和上进心。他为这些禅师修建寺院，还特地为佛光国师单独建造一座寺院。这座寺院也是为了凭吊被元寇杀害的中日两国军民之亡灵。时宗的庙至今还在这座寺院——镰仓圆觉寺里，这里同时还保存着他的精神上的老师们寄来的书函。由此我们可以知道，他对禅是如何丹心虔诚。下面这段对话无确证可考，但大概有助于我们想象他对禅所持的态度。

一天，时宗向佛光国师请教。

时宗："皆谓怯弱乃吾人一生之大敌，如何方能避之？"

佛光："断切此病来处。"

时宗："此病来自何处？"

佛光："来自时宗自身。"

时宗："诸病之中，吾最憎怯弱。如何来自吾自身？"

佛光："汝抛弃所秉持时宗之自我，有何感觉？汝达成之时，再来会余。"

时宗："如何能达成？"

佛光："切断汝之一切妄念思虑。"

时宗："如何能切断吾之种种思念意虑？"

佛光："坐禅。彻底摒弃汝自身之一切思念之源。"

时宗："吾俗事甚多，无暇冥想。"

佛光："无论操持何种俗事，汝都将其视为内省自我之机。终会觉悟内心之时宗为何人也。"

时宗与佛光肯定有过诸如此类的对话。当时宗得到蒙古军队横渡筑紫海大举入侵的确切情报时，前去拜见佛光国师。

时宗说道："吾之毕生大事终已来临。"

佛光问道："如何对策？"

时宗大发神威，吼叫一声："喝！"

这一声吼，仿佛斥退蜂拥而至的数万敌军。

佛光大喜，道："真乃狮子儿，狮子吼得好。"

这才是时宗的勇气，凭着这种精神，他成功地击退从大陆跨海而来的、数量占绝对优势的敌军。他制订周密的计划，为反抗强大的入侵者，动员全国各地的军队来实施他的计划。他坐镇镰仓，灵活有效地指挥远在西国的军队。那个时代，最快的通讯方式不过是快马驿递，这实在令人惊叹。如果没有部下对他的充分信任，他也不可能建树这项丰功伟绩。

佛光国师为时宗葬礼所写的悼词全面概括了时宗的人格：

故我大檀那果公禅门，乘大愿力而来，依刹那种而住。视其所以，观其所由，有十种不可思议。何谓十种？事母尽孝，事君尽忠，事民牧惠，参禅悟宗。二十年握定乾坤，不见有喜愠之色。一风扫荡蛮烟，略不有矜夸之状。造圆觉以济幽魂，礼祖师以求明悟。此乃人天转振，为法而来。乃至临终之时，忍死以受老僧衣法，了了书偈而长行。此是世间了事凡夫，亦名菩萨应世……

时宗之超群卓越无疑与生俱来，但学禅对其公私两面的生活也肯定大有裨益。他的夫人也是热诚的修禅者，孀居之后，在圆觉寺对面的山上修建了一座尼庵——松冈东庆寺。

禅适合于武士，这个说法在镰仓时代尤具特别含义。时宗不仅是武士，还是一个大政治家。其宗旨是和平。第一次元寇入侵，他接到报告后，来到建长寺，在无学祖元[1]的指导下举行仪式，其祈愿文这样写道：

专祈者：弟子时宗，永扶帝祚，久护宗乘，不施一箭，四海安和，不露一锋，群魔顿息，德仁普利，寿福弥坚，秉慧炬，烛昏衢，剖慈心，赈危

---

1 无学祖元（1226—1286），即佛光国师，南宋临济宗僧侣，后东渡日本，为日本无学派（佛光派）的始祖。

乏，诸天匡护，众圣密扶，二六时中骈集吉祥……

时宗心怀伟大的佛教精神，是一个虔诚的修禅者。由于得到时宗的鼓励和支持，禅才能够在镰仓和京都牢固扎根，并开始对武士阶级产生道德、精神上的影响。始于中日禅僧之间的交往后来不仅仅局限于双方共同关心的精神方面的事项，因为中国禅僧不仅带来很多书籍、绘画、瓷器、织物等美术品，还带来不少木匠、石匠、建筑师、烹饪师等。正是镰仓时代打下的坚实基础，才使得室町时代的日中贸易欣欣向荣。

在具有坚强人格的时赖、时宗的引导下，禅渗透进日本人的生活、尤其深入浸透到武士的生活里。随着在镰仓的影响日益深远，禅也扩大到京都一带。这受到日本禅师的强有力支持。不久，先是后醍醐天皇[1]、花园天皇[2]信奉，接着在皇族中深得虔诚的信奉。京都建有很多禅院，以智慧学德饮誉世间的禅师成为禅院的开山祖，为一山之师道。足利幕府的将军也是禅的尊崇者，其手下的诸多武将自然效仿。当

---

1 后醍醐天皇（1288—1339），第九十六代天皇，南朝初代天皇。

2 花园天皇（1297—1348），第九十五代天皇。

时日本的天才不是成为僧侣就是成为武士。二者精神的结合为广为人知的"武士道"的诞生作出了贡献。

我想谈一谈对武士的感受及其与禅的内在关系。塑造我们现在一般所理解的武士道形态的中心思想就是，要无所畏惧地捍卫武士的威严。这个威严就是忠孝仁义的精神。但是，要出色履行这些义务，需要两个条件：一个是不仅在实践方面，还要在哲学方面具有一种锻炼主义；另一个是具有随时赴死的决心，就是在需要的时候，能够毫不犹豫地献出性命。为此，进行诸多的精神修行大有必要。最近，有一本书被说得沸沸扬扬，这本书就是《叶隐》[1]。文如其名，就是"隐藏于叶子背后"的意思。说的是不张扬炫耀，不自吹自擂，远离世间，避人关注，为社会同胞竭尽深情，这才是一种武士之德。该书由各种记录、轶闻、语录等编纂而成，这项工作是由一个禅僧完成的。十七世纪中叶，这项工作在九州佐贺藩主锅岛直重的指导下着手进行。该书极其强调武士要随时准备献身的觉悟，认为无论多么伟大的工作，如果缺少狂热的精神——用现代语言表达的话，就是如果不打破意

---

1 《叶隐》，日本武士道的经典。叶隐指的是"在君主看不到的地方也要尽忠"。由江户时代佐贺藩的山本常朝、田代阵基编纂，1716 年成书。

识的普通水平、释放隐藏其背后的力量——就不会成功。这种力量有时也许会是恶魔，但无疑它是超人的，会发挥惊人的作用。无意识状态的口子一旦被打开，就会迅速升腾，冲破个人的限度。死亡将完全丧失其毒刺。武士的修养恰在这一点上与禅结合。

下面是《叶隐》中引用的一则故事：

柳生但马守[1]是一个伟大的剑道家，是当时的将军德川家光的武艺教师。一天，一个旗本前来拜访，请求指导剑道。

但马守说："看上去你已经像是剑道大师了。在我们成为师徒之前，请先说你是哪一派的。"

旗本回答说："惭愧得很，我不曾学过剑道。"

"你想戏弄我吗？我可是将军的老师啊！我的眼睛不会看错。"

1　柳生但马守，即柳生宗矩（1571—1646），江户时代初期的武将、剑士。曾教授第二代将军德川秀忠剑术，后侍奉第三代将军德川家光。1615年大坂之战时随将军秀忠出兵，担任将军守护。后受封任但马守、幕府总目付等职。1636年成为大和国柳生藩第一代藩主。

"有违尊意，诚惶诚恐，但我的确对剑道一无所知。"

"既然你这么说，谅必如此。但是，虽然我难以明确判断，觉得你是某一方面的大师，也应该不会错。"

"既然您非要我说，那我就说吧。其实有一事已经完全掌握。我于年少之时，心生武士应在任何时候都不畏死的念头，此后数年在死的问题上纠缠搏斗，终于不再受其烦扰。大师所指的是这件事吗？"

"正是。"但马守叫道，"我的判断没有错。剑道的终极奥义也是视死如归。我在本流派已经指导数百名弟子，却无一人获得真传。你不必学技，已是杰出之师范。"

——《叶隐》第十一卷

对任何人来说，死都是一个大问题。尤其对以捐躯沙场为己任的武士、士兵来说，更是不可回避的迫切问题。战斗是你死我活的，这意味着总有一方丧生。封建时代，谁都无法预测自己何时会遭遇死亡。重视声誉的武士随时做好准备，不敢有所懈怠。因此，十七世纪的武士大道寺友山在其著作《武道初心集》[1]中写下这样一段话：

> 对武士而言，至关重要的思想就是从元旦凌晨至除夕结束，日日夜夜必须做好赴死准备的观念。当这个观念根深蒂固深入人心之时，你就能圆满履行你的义务。做到对主君忠诚、对双亲孝悌，自然就能消灾祛难。如此，你不仅延年长寿，而且威德兼备。要思虑人命无常，尤其是武士之性命无常。如此，你每天都考虑今天就是自己的死期，为圆满履行你的义务，奉献上自己的每一天。切勿以为人生漫长，否则容易耽迷于浪费，背负污名，了结一生。这正是正成[2]教育其子正行[3]必须随时准备赴死的缘故。

----

1 《武道初心集》，大道寺友山著，江户时代中期的武士道著作。

2 楠木正成（1294—1336），镰仓幕府末期到南北朝时期的著名武将。一生效忠后醍醐天皇，在凑川战斗中阵殁。后世以其为忠臣与军人之典范，视为武神。

3 楠木正行（？—1348），楠木正成之子。南北朝时代的武将。凑川之战后，继承亡父的遗志，在摄津国天王寺、住吉滨击破足利幕府的联军。

《武道初心集》的作者比较准确地表达了武士心中无意识产生的念头。死的观念，一方面使人的思想超越固定的有限的生命，另一方面将日常生活约束在认真的思考里。所以，认真踏实的武士怀着要超越死亡的思想接近禅是很自然的。禅主张不通过诉诸学问和道德修养以及仪礼来处理这个问题，这在一般不以思辨为然的武士心里肯定具有巨大的吸引力。武士的精神状态与禅的直接、实践的教义之间有着一种逻辑性的关系。《叶隐》还有这样一段话：

　　所谓武士道，即视死如归。在生死关头，首先选择死亡。这并无特殊缘由，唯横下一条心勇往直前。所谓"事未竟而身先丧则毫无价值"的说法乃"上方风"[1]轻薄的武士之道。面临生死关头，能否如愿而行，虑犹不及。人皆愿生不愿死，且藉以诸多理由。意愿未能遂行，苟且而生，乃畏死之懦夫。此乃重要之分水岭。事未竟而死，固然毫无价

1　上方，指京都、大阪一带。中世的武士以佛教作为指导思想，儒教只是对僧侣产生影响。但明末以后，由于中国人来日，在上方一带出现以日本式儒教作为思想指导的武士道，这一现象受到《叶隐》的批判。

值，属疯人之举，然不可耻。此乃武士道之根本。朝夕潜心认真思考死亡，并自觉此身已死，方可获得武士道之自由，一生无过，竭尽家臣之职责。

——《叶隐》第一卷

该书的注释者还附加了冢原卜传[1]的一首和歌：

武士学奥义，

终极归一死。

《叶隐》中引用长滨猪之助[2]这样一段话：

兵法之要，唯应舍身讨敌。当对方亦舍身相讨之时，方成对手。其时获胜，在于信心命运。……

——《叶隐》第十一卷

1　冢原卜传（1489—1571），战国时代的剑道师，开创鹿岛新当流派。与当时的上泉信纲并称"剑圣"。

2　长滨猪之助（1510？—1557？），即山内盛丰，战国时期的武将。通称猪之助。曾任但马守。

注释者附记如下：

荒木又右卫门[1]于伊贺上野复仇之时，据云训导其内弟（妻弟）渡边数马[2]道："舍己之肤以斩其肉，舍己之肉以断其骨，舍己之骨以取其命"。

另外，荒木又右卫门在别处（《一刀流闻书》）还这样说过：

一决胜负之时，应有赴死之决心，如此方能锋利坚强。如缺少视死如归之决心，则无法取胜。此处意味深长。

《叶隐》还有这样的论述：

1　荒木又右卫门（1598—1638），江户前期的剑道师。向大和郡山藩主松平忠明学习剑术。曾在伊贺上野与河合又五郎决斗。

2　渡边数马（1608—1643），江户时代前期的武士。曾在其姐夫荒木又右卫门的帮助下，为其弟源太夫复仇，与河合又五郎决斗。

应抛弃生死，然武士者，倘不能抛弃生死，则一事无成。所谓万能一心，闻之如有心，实乃抛弃生死。任何功绩也不过如此。

——《叶隐》第十一卷

这里说的是，要是能达到泽庵禅师¹所主张的"无心"之心，一切都可以如愿以偿。这是一种不为生死问题而苦恼的心理状态。

前面提到冢原卜传其人，这个剑士能真正理解剑的使命，认为剑不是杀人的武器，而是自我锻炼的精神工具。他的传记里记述的两个故事十分有名，一则是把一个夸海口说

1　泽庵禅师（1573—1646），即泽庵宗彭，安土桃山时代至江户时代前期的临济宗禅僧，大德寺住持。开创万松山东海寺。宽永六年（1629），因紫衣事件得罪幕府，被流放至出羽（山形县），四年后始归江户。宽永十五年，幕府家光于品川开创东海寺，请其任开山第一世。精通书画、诗文、茶道。著有《明暗双双集》《万松语录》《东海夜话》等。

大话的武士扔在孤岛上的无手胜流的故事[1]，另一则是测试三个儿子剑术熟练程度的故事[2]，都脍炙人口。

武田信玄[3]和上杉谦信[4]是十六世纪的日本战国时代的

1　冢原卜传有一次在渡河时，遇到一个壮汉，壮汉自夸武艺高强。卜传听不下去，对壮汉发起挑战。壮汉问他，他便说："我习的剑术不是为了打败别人，而是为了不被别人打败。"壮汉又问他所习何流派，他便说："乃是无手胜流。"壮汉不解："既然是'无手胜流'，那你带着两把剑做什么？""此剑不是为了战胜敌人，而是为了砍掉自大的锋芒，斩断心头的恶念。"壮汉大怒，意欲与其决斗。卜传便提议划船去某个小岛决斗。一到了岛上，壮汉就忍不住拔剑，跳上了岸。卜传把腰里的两把剑交给船家，从船家手里接过木桨，站在船边，好像要往岛上跳，却忽然用桨撑地，把船划离了岸边。壮汉十分愤怒，卜传笑道："这便是我的'无手胜流'。"

2　冢原卜传在要选继承人的时候，决定把三个儿子叫来考一考他们。他将木枕放在门帘上。先叫了长子，长子提前发现了木枕，取下了木枕坐到座位上；接着叫的是次子，次子开门时木枕掉了下来，他一跳闪开，手按刀柄后，坐到座位上；最后是第三子，他一撩开门帘，木枕就掉了下来，他拔刀一挥，把木枕砍作两段，然后坐了下来。冢原卜传一见大怒，训斥道："见个枕头有这么大惊小怪的吗？"由于长子表现得最冷静，冢原卜传便决定由他做继承人。

3　武田信玄（1521—1573），战国时代的名将。曾五次与上杉谦信在川中岛激战。1572 年击败德川家康，翌年在进攻三河战斗中病殁。

4　上杉谦信（1530—1578），战国时代的名将。与小田原北条氏、甲斐武田氏抗衡。势力扩大到加贺、能登一带。

两个名将。他们的领地相接——一个在日本北部，一个在中部——于是有过几次激战。他们无论作为武士，还是作为统治者，都在伯仲之间，而且两人同样都学禅。谦信知道信玄为自己领地的百姓缺盐而痛心苦恼，以宽容之心从自己领地向敌方提供必要的救助物资。因为谦信的领地越后毗邻日本海，盛产食盐。一次，双方在川中岛对阵，谦信嫌大部队速度太慢，心急火燎地要一决胜负，便单枪匹马闯到信玄的阵地，看见信玄正和几个部将悠闲地坐着谈话，拔剑朝他的头上砍去，喝问道："剑锋之事，如何？"信玄镇静自若，用手中的铁扇挡开利剑，回答道："红炉上一点雪。"他们的这个问答大概并非实事，但生动地说明这两个勇猛的入道武士都是禅的爱好者。

谦信在益翁[1]门下开始极其虔诚地研究禅的过程是这样的：益翁在讲解菩提达摩的"不识"的时候，谦信在底下听讲。因谦信多少了解一些禅的知识，便打算试探一下这个僧侣的水平。他穿着与其他一般武士一样的服装听讲，准备伺

1　益翁宗谦（？—1570），战国时代的曹洞宗僧侣。在故乡越后林泉寺继承天室光育之法，成为林泉寺第七代住持。教授上杉谦信禅宗，后成为谦信创建的越后妙照寺的开祖。

机而动。然而，益翁忽然转向谦信，问道："达摩不识是何意？"谦信目瞪口呆，不知该如何回答。益翁更进而逼问道："你在别的地方总是滔滔不绝地谈论禅，今天为何不能作答？"谦信的傲气顿时受挫，从此在益翁门下开始一丝不苟地学禅。禅师经常对他说："如果你想真正掌握禅的真髓，就必须舍命跳下眼前的死亡洞穴。"

后来谦信对家臣们留下这样的训诫："必生者死，必死者生。要紧的是心志如何。如善得此心，所守持者坚，则入火不燃，落水不溺，何关生死乎？余常阐明此理，入三昧之境。如贪生怕死者，未有武士之心胆。"

信玄及其《信玄家法》也都谈及禅与死的问题："应信佛心。如得佛心，则时时增添力量；如以横心胜人，则败露必亡。传云，神不受非礼。应爱好参禅。语曰，参禅别无秘诀，唯思生死之深切。"

从这些言论可以明确无误地看出禅与武士生活之间存在内在的必然关系，有时也很容易从甚至被视为玩弄死亡的禅师的举止中得到说明。信玄的师父是甲斐国惠林寺的快川和尚[1]。信玄死后，由于这座禅院拒绝交出逃到里面躲避的敌军士兵，1582年4月3日被织田信长的军队包围。士兵们将快川以及所有僧众赶到山门楼上，然后放火烧寺，企图活活烧死他们。而禅僧们在快川和尚的带领下，在佛像前面按次序结跏趺坐，镇静自若。和尚还是像平时那样讲经，说道："我们如今被围困在火海里。大难临头，诸位弟子如何转动达摩之禅轮？各说一句。"于是，大家依照各自的觉悟表达了自己的想法。待诸弟子说完以后，和尚也讲述自己的想法。所有的人都进入火定三昧之中。和尚的偈是这样的：

安禅不必须山水，

灭却心头火自凉。

从某种观点来说，日本在十六世纪诞生了很多优秀的代表人物。国家在政治、社会方面已经分崩离析，封建诸侯

1　快川和尚，即快川绍喜（？—1582），战国时代至安土桃山时代的临济宗僧人。美浓国的寺院妙心寺第四十三代住持。1564年受武田信玄邀请，入惠林寺，任武田氏和美浓斋藤氏的外交僧。1582年，织田信长征伐甲州，与信长敌对的六角义弼等匿藏于惠林寺，快川拒绝将他们交给织田信忠，于是信长放火烧山，快川最后与其他僧人一同被烧死。

在全国互相争斗，生灵涂炭。但武士阶级在政治、军事领域的争霸战千方百计地凝聚了精神、道德的力量，在生活的方方面面都出现刚毅坚强的风气。建构武士道的"德"的大部分是在这个时期形成的。可以说，信玄和谦信是武士诸侯的典型代表。他们都充满勇气，毫不畏死，不仅领导战争，而且统治领地，具有深思熟虑的英明智慧。他们不是无知迟钝的一介武夫，而是精通文艺之人，富有宗教之心。

信玄和谦信都是出色的佛教徒这一点令人深感兴趣。信玄俗名晴信，谦信俗名辉虎，但广为人知的是他们的法名。他们年轻时在禅院接受教育，中年剃发，自称入道。谦信与佛教僧侣一样，没有食荤娶妻。

与诸多富有教养的日本人一样，他们热爱自然，创作诗歌。谦信在出征邻国时创作的诗歌大体是如下风格：

霜满军营秋气清，数行过雁月三更。

越山并得能州景，遮莫家乡怀远征。

信玄热爱自然的深情绝不在越后的敌将谦信之下。他去领地内偏远地方的一座奉祀不动明王的祠庙参拜时，附近一座禅寺的住持请他顺便造访。信玄起先拒绝对方的邀请，说现在正忙于准备两三天后就要开始的战斗，这次无暇造访贵寺。但接着补充说道，等这次战斗结束回来，定然前去拜访（这个和尚就是后来被织田信长的士兵活活烧死的禅僧）。当时这位和尚强烈请求道：

"樱花已开始绽放。贫僧特地设席，请您欣赏春天美景。务请光临赏花。"

信玄默从。

后来他说："不看樱花不好，不能无视和尚真诚的邀请。"

信玄果然前去赏花，与和尚交流尘外之事，畅谈甚欢。他还写了一首和歌：

> 盛情邀请我，
>
> 不来定后悔。
>
> 明日樱花谢，
>
> 如雪落古寺。

在双方激战的时候，信玄和谦信展现了一种超越利害关系的、对"自然"的享乐，这被称为"风流"。缺少这种风流的感情，在日本算是最没有教养的人。这种感情不只是单纯的审美，还具有宗教的意义。精通诸多技艺的、有教养的日本人在临终之际会写诗歌，这种习惯大概也出于同样的心态。这就是著名的"辞世歌（诗）"。日本人一直受到这样的教育并进行训练：即使自己处在最激烈亢奋的状态，也要会发现将自己摆脱出来的那个从容的瞬间。死是能吸引一切注意力的最严肃的事情，但有教养的日本人认为应该超越这些，以客观的态度对待死亡。留下辞世歌这个习惯在封建时代还未必是有教养的人普遍所为，大概始于镰仓时代禅僧的某一宗派。佛陀涅槃时，对围聚四周的弟子进行了告别训诫。中国的佛教徒予以模仿，尤其是禅宗僧侣，不过对弟子不是告别训诫，而是表白自己的人生观。

武田信玄的辞世歌（偈）是引用禅文学的话语：

大底还他肌骨好，

不涂红粉自风流。

——《碧岩录》

说的是我们的一切来自彼处、归于彼处、居于彼处的"实在"的绝对完整性。多姿多样的世界逝而复归、循环往复，但其背后的东西留驻着亘古不变的完整的美。

上杉谦信留下汉诗和和歌：

一期荣花一杯酒，

四十九年一睡梦。

生不知死亦不知，

岁月只是如梦中。

极乐地狱任且去，

万里无云晓月心。

——《谦信家记》

下面摘录的是《太平记》（十四世纪末编纂）一书所描写的某位镰仓武士之死，与惠林寺的禅僧一样，显见禅宗对武士道，尤其对死的态度所产生的影响。他就是北条高时家臣之一的盐饱新左近入道[1]，在镰仓的武士阶级中身份不算太高。为气数已尽的主君殉死，即将自尽时——

呼来嫡子三郎盐饱左卫门忠赖，涕泪道："各

----

[1] 盐饱新左近入道（？—1333），即盐饱圣远，北条高时家臣。《太平记》记载他在东胜寺为北条氏殉死之事。

处之防线悉被攻破，闻说（北条）一门几乎都已切腹。入道亦准备先于（相模）守（高时）殿自尽，以显示忠义之心。然汝现今仍由我抚养，尚未蒙受公方（北条家）之恩，纵使今日不与我一起舍命，亦无人以为有负恩义。故而汝宜先暂时栖身隐蔽，然后出家遁世，凭吊我之来生，平安度过此生。"三郎左卫门忠赖亦双眼含泪，不知所云，停顿片刻，方道："不意父尊如此说话。忠赖固然未直接受恩于公方，然我一家世代延续，皆有赖于（北条）武恩。且如若忠赖自幼就是终入佛门之人，如今舍恩而入无为亦乃正道。既然生于弓矢之家，其名忝列此门，今见武运倾颓，却遁世避难，乃遭千夫所指，耻辱莫过于此也。父尊既要切腹，我愿为冥府之引路人。"言尚未毕，从袖下拔刀，趁其父不注意，猛插腹部，含愧气绝。其弟盐饱四郎见之，亦欲自尽。父入道大惊，劝道："且慢。我先去，应守（老少）顺序之孝，汝在我之后自戕。"盐饱四郎乃将拔出之刀入鞘，恭候于父亲入道面前。入道见状，畅然开颜，平静地在中门摆好曲录（佛事椅子），在上面结跏趺

071

坐，唤取砚来，亲自持笔蘸墨，写下辞世之颂：

提持吹毛，

截断虚空。

大火聚里，

一道清风。

写毕，交臂引颈，命其子四郎道："来，砍
吧！"四郎赤膊，砍落其父头颅。然后重握太刀，
直插自身腹部，深至护手，全身趴卧。家臣三人
见此也奔来，用同一把太刀接连刺腹，宛如串在
一起的鱼肉一般，头靠着头伏地而死。

——《太平记》第十卷

北条氏灭亡之时，还有一个名叫长崎次郎高重[1]的禅门
武士来到他的师父，同时也是北条高时的师父的禅师面前，
问道："如何方是勇士所为？"

---

[1] 长崎次郎高重（？—1333），即长崎高重，镰仓时代后期的武将，北条高
时的家臣。

禅师立即回答道："急持吹毛，勇往直前。"

这个武士即刻领悟其意，奋勇搏斗，终因力尽倒在主君高时面前。

这种精神的确是禅在武士修禅者之间培养起来的。禅与他们未必会就灵魂不灭、神之道正确、伦理行为等问题展开争论，禅只是主张无论结论是合理还是不合理，人都必须怀抱实现的目的勇往直前。哲学应该交给理性精神的所有者去解释。禅则需要行动。最有效的行动，就是一旦下定决心，绝不瞻前顾后，而是奋勇前进。从这一点来说，禅实际上就是武士的宗教。

"勇敢赴死"（潔く死ぬ）是与日本人的心灵最密切的思想之一。死的形式有各种各样，但只要存在"勇敢赴死"这个特性，甚至对罪犯也会宽大审判。"洁"（潔く）有"无怨无悔""高洁的良心""勇敢""毫不犹豫""镇静从容"等含义。日本人讨厌那种面对死亡时贪生怕死、畏缩不前的态度，希望如风中落樱般飘然而去。日本人这种对待死亡的态度，与禅的教导相一致。日本人也许没有生的哲学，却的确具有死的哲学。虽然有时令人感觉似乎这是一种鲁莽的哲学。武士的精神深厚吸收禅的思想，并将其哲学普及到民众之中。一般民众即使不像武士那样自我锻炼，但也吸取武士精神，做好随时为自己认为正确的主义或思想而捐躯牺牲的准备。这在日本的历史上由于某种原因必须进行的诸多战争中屡屡得到证明。一位外国记者在其撰写的关于日本佛教的书（查尔斯·艾略特大使的《日本佛教》）中认为，禅是日本的性格，可谓一语中的。

第四章　禅与剑道

一

　　"刀是武士的灵魂"。因此，当成为人们谈论的某个话题时，武士都必定与刀有关。武士欲忠实于其职责时，需要做好置生死于度外、随时准备捐躯的思想准备。这意味着他要不面对敌手的白刃，要不用自己手中的刀自刃。刀就是这样与武士的生命息息相关，密不可分，成为忠诚与自我牺牲的象征。日本人以各种形式普遍表示对刀的尊敬，便是佐证。

　　刀具有如此应尽的双重职责，一个是对违背持刀人意志的任何东西予以破坏，另一个是牺牲出于保存自我本能的一切冲动。前者与爱国主义、军国主义的精神有关，后者具有忠诚与自我牺牲的宗教性意义。前者的刀往往只是意味着单纯的破坏。这个时候，刀是力量的象征，有时甚至是恶魔的力量的象征。因此，必须由第二种功能予以抑制，使之神圣化。有良知的持刀人总是牢记这个真理。因为这个时候，破坏的对象则指向恶魔的力量。刀便必须歼灭阻挡和平、正义、进步、人道的所有障碍。刀与为广泛获得世界精神安宁所需要的最理想的一切为伍。这已经是生的体现，而不是死的体现。

禅有所谓"活人剑"和"杀人刀"的说法。至于知道应该在何时、如何使用这个武器的当是了不起的禅师的本领。文殊菩萨右手持剑，左手持佛经，这让人想起预言家穆罕默德。然而，文殊菩萨手中的圣剑不是用来杀生，而是用来杀灭自身的贪欲、瞋恚、愚痴的。这是剑指自己。因为这样可以使我们内心深处某种东西所反映的外在世界也从贪欲、瞋恚、愚痴中获得自由。不动明王亦持剑，则是欲斩灭阻碍佛德传播的一切敌人。文殊菩萨是积极的，不动明王是消极的。不动明王的愤怒如火炽烈，不把敌人的最后营垒烧尽决不罢休。之后，作为毗卢遮那佛的侍者与化身的不动明王，会恢复原来的容姿，成为毗卢遮那佛。毗卢遮那佛没有持剑，他本身就是剑，其内心接纳全世界，却表现出寂然不动的形态。下面关于"一剑"的问答就是这个意思。楠木正成在即将于凑川迎战足利尊氏的大军时，来到兵库的一座禅寺，问和尚道：

"生死交谢之时如何？"（人站在生死的路口之时应该怎么办才好？）

和尚回答道:"截断两头,一剑倚天寒。"(斩断你的二元论,只将一把剑静静地指向天空。)

这个绝对性的"一剑"既不是生之剑,也不是死之剑。这是一把从中生成二元世界、生死一切都存在于其中的利剑。这就是毗卢遮那佛本身。如果掌握这一点,就知道在人生十字路口该如何行动。

这里所说的剑如今表现为宗教的直觉力量和勇往直前。这个直觉与理智不同,不会自我分割,堵塞自己前行的道路,也绝不会瞻前顾后,只是一往无前。直觉就犹如庄子所说的剔切筋骨的解牛刀,筋骨仿佛等待着刀来切割分离自己。庄子始终如是说:"筋骨自然分离。解牛刀虽长年使用,却总是如同刚从磨刀匠手里接过来一样锋利无比。"[1]"真正实在之一剑"在斩断诸多利己之心的牺牲之后,也绝不会受到磨损。

剑又与神道密切相关,但未能臻于佛教那样高度发展的精神意义。神道依然呈现出自然主义的起源。神道之剑并非象征,而是具有某种灵性力量的物体。在日本的封建时

---

1 这段话源于《庄子·内篇·养生主》所引《庖丁解牛》的寓言:"是以十九年而刀刃若新发于硎……动刀甚微,谋然已解,如土委地。"

代，武士阶级对剑怀有的就是这种观念。尽管难以对他们如何思考做出准确的定义，但至少他们对剑表示出崇高的敬意。武士临死时，剑要置于其枕边；孩子出生时，剑要置于其室内。这大概是出于阻挡恶魔进入室内以保证逝去之灵魂与降生之灵魂的安全幸福的观念吧。这一点还残留着万物有灵论的思想。"神剑"的观念从这个方面也可以得以解释。

刀匠在制作刀的时候要祈求守护神的帮助，这一点值得关注。为了把神请到铁匠铺里，他们会在周边围上稻草绳，阻止恶魔进入，自己还要举行祓除仪式，身着礼服进行工作。在抡锤锻打、入火淬火期间，刀匠及其助手都进入最集中注意力的精神状态。他们坚信自己的工作一定会得到神助，他们竭尽智力、体力、精力全身心地投入。这样制作出来的刀才是真正的艺术品，定然反映出创作者的精神。大概正因为如此，日本刀具有揳入人们灵魂深处的力量。他们没有把它视为破坏的武器，而是视为灵感的对象。有关刀匠正宗[1]作品的传说也由此而生。

---

1 正宗（生卒年不详），镰仓末期的刀匠。名声甚高，被视为日本代表性的刀匠，但尚未发现可以确定其作品的刀具。庵丁正宗、日向正宗等铭款的名刀传为其作品。其门下有所谓"正宗十哲"。

正宗活跃于镰仓时代晚期，因其作品质量上乘，历来为刀剑收藏家所青睐。就锋利而言，也许不及其高足之一村正[1]的作品，但据说是正宗人格的某种精神力量能打动人心。有这样的传说：有人想试验一下村正刀的锋利度，便将其置于水流之中，观察从上游顺流而下的枯叶碰到刀刃时是否会被切断。结果发现所有碰上刀刃的枯叶都被一切两断。接着，他将正宗的刀竖立水中，发现从上游顺流而下的树叶都避开他的刀刃，没有接触。这是一个令人震惊的试验。正宗对斩杀不感兴趣，他制作的刀已经超越作为斩杀工具的功能，而村正的刀只局限在斩杀的范畴，他的刀毫无可以打动人心的神圣的东西。村正令人害怕，正宗令人感觉温情。村正是专制的、帝国主义的，而正宗——如果可以使用这种表现形式的话——就是超人的。在刀柄上刻铭款是刀匠的习惯，但正宗几乎不留铭款。

能乐有一出曲目《小锻冶》，暗示了刀在日本人心中的道德性、宗教性意义。这出谣曲大概创作于足利时代。一条

1　村正（生卒年不详），室町时代中期的伊势刀匠。千子派的创始人。其刀铁质坚硬，上有刃纹，称为"箱乱"。因德川家族使用他的刀发生不幸事故，被称为"村正妖刀"。

天皇[1]命令当时的著名刀匠之一小锻冶宗近[2]制作一把刀。宗近深感荣幸之至，但如果找不到与自己的技术不相上下的助手，则无法完成御命。于是，他向自己的守护神稻荷神祈祷，请求神派遣一个能与自己合作完成此项大业的助手。他严格按照传统仪式，设立祭坛，按部就班地净身祓除，然后虔诚祈祷："我即将从事之大业并非为一己之荣华富贵，乃诚惶诚恐仰奉统治天下帝皇之御旨。我向多如恒河之沙的诸神祈求：我，卑微之宗近，正要竭尽全力制作一把与尊贵至上庇护者的高德相匹配之剑，请赐予我一臂之力吧！仰天伏地，恭诚奉献上币帛，以此象征我成就宏业之炽烈心愿。"这时，他仿佛听到不知来自何处的一个声音："祈愿吧，宗近！虚心虔诚地祈愿吧！打铁的时刻已经来临。相信诸神吧！宏愿定将实现！"于是，一个神秘的人影出现他面前，帮助他锤打，一把完美无缺、呈现吉兆形态的钢刀终于出炉。天皇对这把可用于建功立业的神圣宝刀心满意足。

1　一条天皇（980—1011），圆融天皇的皇太子。在位期间是藤原氏的兴盛时期，宫廷女性文学的鼎盛时期。

2　宗近（生卒年不详），平安时代中期的刀匠。居住在京都三条，人称"三条小锻冶"。现存铭款作品很少，有"三日月宗近"等名刀，状似长刀。

因为在制作刀剑的过程中加入了某种神德，持有者与使用者必然会产生这样的灵感呼应。佩带日本刀者，应是精神之人，不应是兽性的代表。他必须外表冷酷如铁，内心隐藏着活的灵魂。杰出的剑士将这种感情灌输到弟子的心灵里，诲人不倦。当日本人说"刀是武士的灵魂"这句话时，就必须牢记这其中包含着上述一切，即忠诚、自我牺牲、尊敬、恩爱以及宗教感情的涵养等。这才是真正的武士。

二

因此，对于佩带大小长短两把刀——一把是用于攻守的大刀，一把是必要时用于自刃的小刀——的武士来说，自然必须以极大的热忱磨炼钻研剑道。他绝不会须臾离开象征着自己至高无上的威严与名誉的武器。为此所进行的训练除了具有实用性的目的外，还有助于提高道德、精神的素养。武士在这一点上与禅紧密结合。虽然已经有人在某种程度上论述过这个事实，但我还是想引用几段文章进一步阐明禅与剑道之间的密切关系。

以下是泽庵和尚寄给柳生但马守的书简，谈及禅与剑道的关系，题为《不动智神妙录》。其中不仅论述剑道的普遍性秘诀，更涉及禅的根本大义，所以从各种意义上说，都是重要的文献。在日本——大概其他国家也是如此——如果只是单纯技术性地理解艺术，就不能真正做到晓畅通达，必须深入到精神内部。只有在心灵与生命本体的原则完全共鸣的时候，即达到著名的"无心"这种神秘的心理状态的时候，才能真正把握这个精神。从佛教的语义来说，就是超越生死的二元论。如果到达这个境界，一切的艺术都会变成禅。泽庵在致这个杰出剑士的书函中，极力强调无心的意义。从某种意义上说，无心可以视为相当于"无意识"的概念。从心理上说，心处在绝对被动的状态，毫不吝啬地把自己完全交给其他"力量"。在这一点上，就有关意识而言，人会变成所谓的自动木偶。然而，正如泽庵所言，这不能与木石等非有机物的无知觉以及不可信的被动性混为一谈。"无意识的意识"，除了这种令人头晕目眩的悖论之外，没有别的途径可以阐述这种心的状态。

依佛教所示，精神的发展有五十二个阶段，其中一个阶段称为"止"。人至于"止"，就会固定在一点，无法自由动弹。剑道也有这么一个阶段，泽庵称之为"无明住地烦恼"。

无明住地烦恼

所谓无明，其意为不明也，故顿生迷茫。迷也。所谓住地，其意为止也。佛法修行五十二位，其中每每止心于物者，是为住地。住有止的含意，即凡事都止于心。以足下的兵法而论，忽见有刀迎面劈来，一想到如何应对，心就止于对方大刀的动作上，自己遗忘了应该出手，结果被对方所伤。此即为止。如果虽见大刀劈来，心既不止于对方的动作，也考虑如何迎击，只是躲避其锋芒不至伤身，然后反过来夺取对方的刀，克敌制胜。禅宗里有"还把枪头倒刺来人"的说法。枪即矛。夺取对方之刀，为我所用，反之刺敌。这正是足下所谓的"无刀"。无论双方如何互击，即使瞬间心止于其间，自己的行动也会失手，被对方所杀。倘若置心于敌，心则为敌所取，亦不可置心于己。己心应高度振作，初学者应习之。止心于交锋，则心为交锋所夺；止心于刀，则心为刀所夺。这都是心止，致使自己失神。足下宜记住，有佛法为证，佛法谓此止心为迷，故称无明住地烦恼。

诸佛不动智

不动者，即一动不动。所谓智，智慧之智也。虽云不动，并非木石，毫无灵性情义，而是心动于前后左右，四面八方，但瞬间不止，是谓不动智。不动明王者，右手握剑，左手执绳，呲牙咧嘴，横眉怒目，威武伫立，欲降伏一切妨碍佛法之恶魔。如此狰狞金刚，在万方世界皆不隐其身。其容也，佛法守护之形；其体也，不动智之体，昭示于众生。一切凡夫，见此立感畏惧，不敢生与佛教为敌之心；而近悟之人，顿时感悟于不动智之形体，澄清一切迷津，以为明悉不动智，此身践行心法如不动明王，则恶魔不增，不动明王所示。然不动明王者，乃是人心不动、人体不动之谓。所谓不动，就是心不止于每个事物。每见一物，心不止于上，是谓不动。缘何？心若止于物上，胸间则产生各种分别，心生躁动。想止则止的心，想动也动不起来。譬如十人十刀攻我，架开一刀，心不止其上，舍之迎之，虽十人，动而不断。虽云十人，心虽动十次，却只要不止于任何人身上，终能交锋，动而不断。若心止于一人身上，或可以架开一人之刀，但面对第二人时就会闪失。

千手观音有千手，若心不止于取弓之手，其他九百九十九手则皆有用，只要不止心于一处，其他的手都有用场。观音为何一身有千手？只要开启不动智，即便有千手，皆有所用。这是为向众人昭示，故而创作此种形态。

如面对一树，见其中有一片红叶，则不见其他叶子。若不看一叶，无意中面对一树，所有树叶则尽览无余。心止于一叶，百千树叶则视而不见。悟者，即如同千手千眼之观音也。然无知凡夫一心只信一身有千手千眼实为难得，又有一知半解之人，讥讽曰：缘何身有千眼？诳语耳。今少许能知者，与凡夫之所信所谤无碍，理应尊信，佛法常以一物昭显其理。诸道皆如此。神道别有其道，一见可知。仅就外形论者乃凡夫，而毁谤者尤可恶。内有其理。虽有种种此道、彼道，终极之处则归一。

由初心之地修行至不动智之位，然后返回初心之位。足下之兵法宜如此，初心之时，对身上佩刀不解其意，故而心不止于身。若遇人攻击，迎击而已，无所用心。然经过各种训练，教之以佩刀之法、心之所住，但依然心系诸事，击人之时，尤其不能得心应手，于是日积月累，勤奋苦练，而后身姿、佩刀之法，皆不在心，其心返回到最初一无所知、未曾学习时候的初心。这就是不忘初心，贯以始终，如从一数到十，原来发现一与十相邻……

佛教徒的修行也是如此。如果到达最高阶段，就会像天真幼稚的孩子那样，对佛陀、法一无所知。就会从自欺、伪善中解放出来，获得自由。此时，不动智就是无智，合二为一。此时，已经没有针对某件事、选择某件事时让人犹豫踌躇的分别智，所以，任何地方都不存在对无念无想之心境臻于圆熟有害的"止"。无智的人，因其智力尚未觉醒，所以朴素。聪明的人，因其智力已经耗尽，所以无需依赖分别智。二者是睦邻关系。只有"一知半解"的人，脑子里才充满了"分别"。

修行有两种，一种叫"终极理性"，另一种叫"技术"。前者——如前所言——目的是不按照金科玉律规定的约束，而采取自我行动到达终极理性。这里所需要的就是勇往直前的"唯一心"。然而，技术上还必须在精细之处做到娴熟。如果缺少必要的知识，就不知道如何迈步开展自己的工作。

所以，从剑道来说，就是非常熟悉刀的执法、进攻的手法、实际比赛的姿态等。这两种形式的训练，尤如车之两轮。

间不容发

可以足下之兵法为喻。所谓间不容发，即为两物重合之间的空隙容不下一根发丝。如击掌，立闻其声。双掌相击之间，毫无一发可容之隙，声立出，声并非击掌后略加思虑才出来，而是击而立发。击人之刀，若心止其上，便有间隙。如此，我方便有闪失。只有在对方之刀与我之刀间不容发的时候，才能使对方之刀成为我刀。禅之问答中，亦有此心。止心于物，佛法恶之，故而将"止"称为"烦恼"。唯有如在汹涌奔腾之激流中滚珠奔泻，毫无止心，方为佛家所尊。

石火之机

所谓石火之机，意同间不容发。击石而火光迸出，无有间隙。这也是没有心止的间隙。若一心只思急速行事，差矣。此皆心止于物之故，心止于急之故。心一止，我心则为他人所取。心想"急

速"，身为所动，则所思之心，又被他人所夺。西
行的歌集里有一首江口游女吟咏的和歌："闻君原
是厌世人，依然心住一时家。"这里的"心住"解
释兵法，极为恰当。不止心，至关紧要。

禅宗说法，如问"如何是佛？"则伸拳示之。
如问"佛法心要如何？"话音未落，应立答"一枝
梅"或"庭前柏树子"。此答是好是坏，另当别论，
唯尊不止之心。不止之心，不移于色香也。此不移
心之姿态，神也祝之，佛也尊之，即为禅心，即为
心要。若是在思考之后道出，即使是金言妙句，亦
为住地烦恼。故石火之机，如光电之迅疾。

例如，有人对你说话，即刻回答一声"诺"，这就是不
动智。别人跟你说话，你心想他有什么事，总怀疑、思考以
后再回答，这是心的"止"——即混乱和动智——显示出自
己还是一个普通的智人。有问即答是"佛陀的智慧"。这是
佛陀普遍赋予众神以及不分贤愚的所有人的。按照这个"智
慧"行动的时候，人就是佛或者神。神道、歌道、儒教的教
导各种各样，但最终的目标都是实现"唯一心"（唯一心、
佛陀的智慧、不动智是同一事物的不同名称）。要阐释这个

"心"，光用语言是不充分的。要是阐释的话，心就会被分割开，于是产生"我"和"非我"，（由于这个二元性）我们就会完成善恶的一切行为，只能变成"业"的玩物。"业"实际上也是发于"心"。所以最重要的是洞彻"心"本身。具有这种洞彻力的人很少，我们多数人对此一无所知。

然而，光有洞彻还是不够的。这个洞彻力必须成为现实生活的功能。事实上，口渴的时候，光是一天到晚口头说"水"，有什么作用呢？无论我们怎么讨论火，一点也不会让我们暖和起来。虽然佛教、儒教致力于阐明"心"的原理，但如果"心"不在日常生活中大放光彩，就不能说已经真正洞彻了这个真理。重要的是不断思考事物，并在自己的内心予以实现。

心之置所

心置于何处？如果置于敌人身上，心则被敌人所取；如果置于敌手之刀上，心则被敌刀所取；如果置于杀敌之念上，心则被杀敌之念所取；如果置于我之刀上，心则被我之刀所取；如果置于不会被杀之念上，心则被不会被杀之念所取；如果置于敌手之架势上，心则被敌手之架势所取，总之，心没有置所。

或有人问："总之，我心若置于别处，志则止于心之行处，故负于敌，如将我心藏于脐下，而非置于别处，随敌之动而转化，如何？"答曰："的确有人这么想，但从佛法高位段来看，不置于别处而藏于脐下的说法实在段位卑下，不是积极向上的段位。这是修行练习的段位，相当于（儒教）'敬'的段位，也是孟子的'求放心'的段位，非向上的段位。乃敬字之心态。放心之事，亦见于其他书籍，可参看。如不置于别处而藏于脐下，心则被不置于别处所取。以后无作用，格外不自由。"亦有人问："心藏于脐下而不动，不自由却无作用，那将其置于体内何处合适？"答曰："如置于右手，心则被右手所取，身缺作用；如置于目，心则被目所取，身缺作用；如置于右足，心则被右足所取，身缺作用。不论何处，如置于一处，我方皆缺作用。""那么，心究竟应置于何处？"我答曰："何处皆不置，则遍及全身，扩及遍体。入手之时，则实现手之作用；入足之时，则实现足之作用；入目之时，则实现目之作用。其所入各处遍及全身，所入各处皆实现各处的作用。万一止心置于一处，则被此一处所取，缺少作用。如果思考，则被思考所取，而思考和分别都不会留下，故而将心扔给全身，不止于各处，则在各处产生作用。"

因此，不应该将心置于身体的任何一部分，心充实在身体的各部分，才能随心所欲地发挥作用。如果考虑有所为，心则偏向这个所为，而不顾其他各方面。别考虑、别烦恼、别分别，只有这样，心才能遍及各处，全力作用，于是各项工作都能接连不断地完成。任何事情都应该避开片面性。心，若是一度被身体的某个部分所捕捉，要想重新发挥作用时，就必须从特定的那个地方取出来，再拿到所需要的那个地方去。这种转换非常不容易。心一般希望在让它"停止"的地方停滞下来。即使转换比较容易的时候，也需要时间。正如不能为了让猫儿亲近自己就把猫儿拴住那样，不能把心拴在某处。为了让心在十处地点全部发挥作用，就不能把心止在任何一处地点。不论什么样的地点，一旦停滞，结果其他九处地点就完全被无视。这是非常需要训练的。

本心妄心

本心，即不留一处，充满扩及全身之心也。妄心，一味固留一处，本心若固留一处，即是妄心。本心若失，各处的作用便缺失，故不失本心，至为紧要。若将本心比喻为水，不止一处，妄心则如冰。冰不能洗手足，化冰则为水，流向各处，也可洗手足。若心止于一处、置于一事，则如冰之固，无法自由作用，如冰那样不能洗手足。融化心，使其如水流遍全身，随心所欲自由流淌，此乃本心。

有心之心，无心之心

所谓有心之心，盖同妄心。有心之文，读到某处，但无论何事，都一味偏向一方。心有所思，则生分别，耽于思考，此乃有心之心。所谓无心之心，盖同本心，无滞留之事，亦无分别、思考时候的心，在全身自由扩及、遍布全体之心。不在任何地方滞留，但并非木石，而是不止于一处，此为无心。一旦滞留，心中就有物（心虽有感觉、感动，但绝不停留）；不停留，心中则无物。此谓无心之心，也称为无心无念。若能达到无心之心，则不止一事，不缺一事，如盈盈流水，充溢全身，作用之时，圆满完成。止于一处之心，无法自由发挥作用。如车轮，若固定，则不能转动。若止于一处，亦不能转。心亦如此，一旦止停，就无法启动。心中有所思，对他人的话充耳不闻，因为所思之事止于心也。心因其所思之事而偏向一方，如此则置若罔闻、视而不见。这是因为心有物之故。有物者，所思之事也。去掉此物，心作无心，唯作用时启动，则能实现作用。思欲去心中之物之心，又变成心中之物。不思，自然去之，则成无心也。心若总如此，不知不觉进入无心。欲速则不达。古歌云："心思不思实还思，甚至不思都不思。"

水上打葫芦子，捺着即转

所谓捺着葫芦子（葫芦瓢），即以手摁之。若将葫芦瓢扔进水里摁之，会猛然漂到边上去，不会止于一处。至于人心，不能安静止于物，如水上摁瓢。

应无所住而生其心

无论从事何事，心生其念，心止于事。不久止所失去，则生心。生心之所生其心，一事无成，止心生成。心止其上，此为诸道名人。执着之心，起于止心，轮回亦起于此。此止心，乃生死之纽带。见花红叶绿，则生见花红叶绿之心，却不止于此处。如慈圆之歌云："凝目柴门花自香，犹恨执着恋世心。"花自无心香，我却把心停留在花上，凝视良久，花香熏染的心开始怨恨。所见所闻，心不止于一处，乃为极致。敬字之心，注释为"主一无适"，即心定一处，不顾他处。……但在佛法里，敬字之心并非极致之所，乃是取我心，不使其乱，学习修行之法。经过长久日积月累的修行，将心赶走，则进入自由的段位。上面所说的应无所住是极致的段位。而敬字之心，则把心留住，不让它去别处，认为心一走就会混乱，小心谨慎地待在所在的段位上，目前暂且不使心散。经常如是，则不自由。比如为了不让猫捕捉小麻雀，则一直拽着猫绳不放，我心陪同猫，甚不自由，猫也未能随心所欲。倘平时对猫调教，完全不必拴住猫，让其随意活动，纵与麻雀一起，也不会捕雀，此乃"应无所住而生其心"之心。将我心放逐，如猫儿一样随心所欲地行走，则具有不止心之心。

若论足下兵法，心不止于持刀之手，忘乎所以，砍杀搏击，切不可止心于对方。牢记人空、我空、手空、刀空，心不可被空所取。

镰仓之无学禅师，在大唐之乱中被抓，砍头之时，作"电光影里斩春风"一偈，令砍者弃刀而逃。无学之心面对电光石火般闪亮的大刀时，一定无心无念。对劈来之刀无心，对劈刀人无心，对被劈的我无心。人空、刀空、我空，如此，人不成为人，刀不成为刀。我则在电光石火中如一股春风吹过长空，一切不止于心。斩春风者，不会记住大刀。如此忘心，万事皆为上段位。

比如舞者，手持扇，足踩踏。如果心里尽想着手足如何和谐，如何尽善尽美，心中不忘，则不能尽如人意。心依然止于手足，事情就办不好。心不完全舍弃，万事皆败。

以上引述只是泽庵和尚书函的部分内容，其他部分多少涉及专业内容，故而略去。

我通过下面这则故事阐释"无心"，以作为对泽庵含义的补充。

一个樵夫在深山一心一意地砍树，这时出来一只名叫"悟"的动物。这动物的形状十分奇特，平时村里都没见过。樵夫打算活捉它。动物看出了樵夫的意图，说道："你是打算活捉我吧？"樵夫大吃一惊，说不出话来，那动物又说道："瞧，你现在对我的读心力感到震惊了。"樵夫惊愕万分，心想用手中的斧头对它砍去。这时只听得"悟"叫道："啊，你想要杀我。"樵夫惊慌失措，知道自己根本无法对付这个怪物，打算不理睬它，继续砍柴。但"悟"并不善罢甘休，仍然不依不饶地说道："你瞧，到头来你还是对我无可奈何。"

樵夫不知如何是好，他对这动物已经完全无能为力，于是也不管"悟"就在自己身边，抢起斧头，又一心使劲砍树。然而，斧头忽然脱离木柄，飞出来一下子把动物砸死了。这只具有擅长读心智慧的动物也无法预测"无心"之心。

在剑道的最后阶段，只对具有最高资格的教师才授以秘诀。仅仅剑术的训练是不够的，仅仅具有娴熟的剑术依然还是弟子的水平。这个秘传（秘诀）被称为"水月"，教师之间都知道。有作者[1]对"水月"作了如下解释，但在我看来，其实不过是禅宗的"无心论"教导。

何谓水中之月？

剑道各流派之解释各不相同，但概而言之，就是领会月亮以"无心"状态映照于一切有水之处的形态。天皇[2]在嵯峨广泽池畔吟咏和歌，其中一首云：

月不思照水，水亦不思映明月，嵯峨广泽池。

人们从这首和歌中无疑会洞彻无心之秘诀。这里没有丝毫人为之痕迹，一切都是自然造化。

更犹如数百河流映一月。不是月光分为数百道，而是地面有照月之水。即使在没有照月之水的地方，月光依然明亮。更进而在多水之地，抑或细

1　指佚斋樗山子（1659—1741），即丹羽十郎左卫门忠明，关宿藩士。深谙禅、儒、老庄思想。著有《天狗艺术论》《猫的妙术》等。

2　指后水尾天皇（1596—1680），日本第一百零八代天皇。

浅之水洼，月光依然不变。以此类推，心灵之神秘
就容易理解。然而，月与水是可接触的物质，心却
是无形的，其活动难觅痕迹。因而象征并非全部真
理，不过暗示而已。

——佚斋樗山子

三

1937 年的《大西洋月刊》（*The Atlantic Monthly*）2 月
号上刊载了一篇西班牙斗牛士胡安·贝尔蒙特[1]讲述自己技
术经验的文章。斗牛术显然酷似日本剑术。他的叙述富于令
人感兴趣的启示，所以我下面引述译者的翻译笔记以及胡
安·贝尔蒙特这位第一流的斗牛士关于获得巨大名声的奋斗
过程的自述中的部分内容。在这个奋斗过程中，可以说他自

1　胡安·贝尔蒙特（1892—1962），西班牙斗牛史上三位里程碑式的斗牛士
　　之一，开创西班牙斗牛的黄金时期。另两个是拉斐尔·莫利纳、马诺莱
　　特。他是海明威的好友，是海明威多部小说中斗牛士的原型。

觉地具有泽庵致柳生但马守书函中所说的那种心境。如果这位西班牙斗牛士具有佛教修养，一定是彻底的"不动智"信者。

译者笔记中有这样一段话：

"斗牛不是体育，二者不可比较。斗牛与绘画、音乐一样，不论你是否喜欢、是否认可，它是一门艺术。人们只能将其作为艺术予以判断。其情感是精神性的。在触及心灵深处这一点上，应该可以与聆听、理解、热爱伟大音乐指挥家所指挥的管弦交响乐的人的心灵相媲美。"

胡安·贝尔蒙特这样叙述在斗牛过程中最需要集中精神力量瞬间的自我心理状态：

"当对手猛牛一出来，我就立即迎上去。在第三次引逗时，全场观众起立，我听到大家的狂呼乱叫。我刚才干了什么？我忽然间把所有的观众、其他斗牛士、我自己甚至对手的牛都统统忘在脑后。如同以前经常夜间在空地或牧场上独自与牛搏斗一样，我开始战斗。我以在黑板上绘画图案般的精确度进行战斗。我不知道，我手持斗篷的引逗、我手持红布的动作，对于这一天下午的观众来说，就是一种斗牛术的天启。我没有判断力。我只是相信应该这样搏斗才这样去做。我除了对我的行为持有信念，没有其他想法。在斗牛的最后阶段，我心中已经没有观众，只是把全部的灵与肉都投入战斗的纯粹喜悦里，才获得成功。我在家乡独自与牛相斗的时候，经常与它们对话。那天下午，我在挥动红布表演涡旋花纹的时候，也和牛不停地进行长时间的对话。在束手无策、不知如何是好的时候，我会跪在牛角下面，脸部贴近它的鼻头，轻声说道：'来吧，小家伙，来抓住我！'

"我站起来，在牛鼻子下展开红布，继续对它说话，鼓励它发动猛烈的冲击：'对着我，小家伙，冲过来！你怎么不动呢……来，过来啊……过来啊……看见我了吗？小家伙。你怎么啦？是累了吗？来吧！抓住我！勇敢一点，抓住我！'

"我一直磨炼着理想的技艺，经常在梦中清晰细致地看见自己的动作，所以每一根线条都如数学般精确地刻画在脑子里。我梦中的劈刺技术总是不幸而终。不知道什么缘故，在我给予最后致命劈刺的时候，牛总是能准确无误地捕捉我的一只脚。这种悲剧性的结果，一定是因为我的潜意识认为在予以致命一击时我的功力中存在侥幸的要素。尽管如此，我继续谋求实现理想的技艺，置身于两只牛角之间，将观众排山倒海般的叫喊当作远方飘来的轻声细语。终于正如梦中所见的那样，牛准确地抓住我，撞伤我的腿。我陶醉于搏击之中，忘乎所以，所以对此几乎没有意识。我发出致命的一击，牛倒在我的脚下。"

在这里，我要加上一句话：贝尔蒙特在与牛进行最后格斗之前，心理状态陷入极度的错乱，竞争心、对成功的渴望、自卑感、害怕观众的嘲笑……这些感觉纠结在一起，心神不定。对此，他这样表白：

"我陷入绝望状态。心想自己就是斗牛士这种想法是怎么得来的。简直是愚蠢至极的狂妄自大！你只不过是连牛都不敢激怒，靠侥幸赢得一两次与牛格斗的胜利而已，有什么了不起的！"

然而，他从绝望感中觉醒过来。如今他站在凶狂暴躁的牛前面。他忽然醒悟到从自己的心底迸发出从未曾感觉到的某种东西。

这个"某种东西"经常在他的梦中出现。就是说，深深潜藏于他的无意识之中，白天绝不出来。满心绝望的他站立在心理的悬崖峭壁之绝顶，抛弃身心，一跃而下。其结果是"我处在迷醉状态，一切都忘乎所以，没有意识到'那个'"。其实不仅是被牛撞伤，一切的一切他都没有意识到。这时，只有"不动智"是他的引导者。他完完全全听命于这个引导者。镰仓时代著名的禅师、佛光国师歌云：

> 即将弓折矢亦尽，
>
> 望君依然奋力射！

如果无杆之箭从无弦之弓射出去，大概会像历史上的远东人那样，贯穿岩石。

与禅宗一样，在一切门类的艺术中，克服这种危机对到达所有创造性作品的根源来说，都极为重要。我打算在其他著述中从广义的宗教心理学或者宗教哲学的视角专门对这个问题进一步予以阐述。

四

神阴流[1]是日本封建时代最普遍的剑道流派之一。它始

---

1 神阴流，亦称新影流。由室町时代末期上泉伊势守开创。继承爱洲日向守移香斋之阴流，主张自我的心影即刻显映对手的心影以制敌。后来的柳生新阴流、直心影流皆出于此派。

于足利时代，开创者是上泉伊势守[1]，十六世纪后半期最为鼎盛。开创者坚称其剑术秘诀乃鹿岛之神亲授。后来经过多次衍变发展，所谓的秘传不断增加而成书。现存的各种古资料都是教师写给认为值得亲授的最优秀的弟子们的书函。这些文献中，有一些表面上与技术毫无关系，却极富禅味的文字和诗歌形式的警句。

例如，颁发给该流派教师资格的最后的证书（免许书、皆传书）上除了一个圆相外，没有任何文字。这个圆相令人认为是一面纤尘不染、明亮光耀的镜子的象征。其意自然是对佛教的大圆镜智的哲学，即前面引用的泽庵"不动智"的比喻。剑士之心，总是远离利己之情感和理智之策略，让"本来的直觉"始终能够至高无上地发挥作用。就是说，剑士必须随时处于无心的状态。仅仅掌握精湛高超的剑术未必具有剑士的完备资格。他们必须自我认识精神锻炼的最后阶段。这就是到达以圆空[2]为象征的无心境界。

---

1 即上泉信纲（1508—1577），是战国时代的兵法家。开创日本剑术知名流派新阴流，与其师冢原卜传都被后人尊为剑圣。

2 圆空（1632—1695），江户时代前期的云游僧。擅长木雕佛像，其风格粗犷，人称"圆空佛"。据推测作品约有 12 万个，现发现确认的有 5350 个。

神阴流的免许皆传的目录[1]中，有这样这一句话，它与其他深奥的专业术语组合在一起，从表面上看，其字义似乎与剑术毫无关系。这些秘传都是口授，我是门外汉，理解这些句子在实际的剑术上具有什么样根本性的意义，已经超出了自己的臆测范畴。但根据我的判断，这句话出于禅文学，否则无法理解其意。这句话就是"西江之水"。但看来注释者显然不知道其真正的含义，理解为指不辞饮尽大江水的勇猛之心。所以我只能说是甚为不当。此句出于唐代马祖[2]与弟子庞居士的问答。

　　庞问：不与万法为侣者是谁？（不与任何事或任何人为伍者，是什么人？）

1　免许皆传，一般指剑道、武术、柔道等领域，师匠将自己的所有技艺、奥秘毫无保留地传承给弟子，也指弟子得到"免许皆传"这个资格。"免许"意为"授予具有一定资格的免状（许可证）"，"皆传"意为"在某个特定领域完全继承所有奥秘技艺"。"目录"意为获得"免许皆传"之前必须取得的各个段位，有"小目录""中目录""大目录"，只有取得所有"目录"后，才有资格获得"免许皆传"。因流派不同，有的在"目录"之前，还有一个初级段位"切纸"。

2　马祖道一（709？—788？），唐朝佛教禅宗大师，六祖慧能之再传弟子，师承南岳怀让门下，为洪州宗的开创者。

马祖云：待汝一口吸尽西江之水，即向汝道。

（如果你能一口气吸尽西江之水，我就告诉你。）

据说这句话让庞居士顿悟。

——《碧岩录》

如果知道这个典故，就可以理解把"西江之水"这句话写进神阴流秘传的缘故。庞居士的问题颇为重要，马祖的回答也同样重要。禅宗修行时经常引用这则公案。在封建时代的剑士之间，为达到与剑术密切相关的绝对无心的境界，不言而喻，有很多人全身心奉献于禅宗的学习。正如我在其他场合说过的那样，在生死搏斗时刻，如果心受死亡的羁绊，则会对最终的结果造成巨大的障碍。

免许皆传的目录还有关于剑道的精髓奥秘的诗歌警句，其中几首的确反映了禅宗精神。

完全摆脱思想与感情的自由不羁的灵魂，
严密得连老虎也插不进爪子。

风一样地吹，
在山头的松树与山涧的栎树上。

声音却何等不同。

有人认为打是为了打，
然而，打非打，
杀非杀。

万念皆空，
无碍无挂之太空，
然而，那里有什么在动，
行进在应该行进的道路上。

眼可见，
手不能取，
流淌的明月——
这就是我们流派的秘诀。

云与雾——
罩在空中，数次变化，
但太阳和月亮在上面永放光芒。

胜利属于,

在战斗开始之前居住在

太源无心境里

那不思自我的人。

这看似犹如宫本武藏[1]所教导的作为剑道精髓的"空"的原理,在此道经过多年的刻苦磨炼方可掌握。由于他主张精神修炼,所以其剑技可称为具有创造性。武藏不仅是伟大的剑圣,也是一位伟大的画家。

五

《剑道及剑道史》(1934年平凡社刊行)的作者高野弘

1　宫本武藏(1584—1645),江户初期的剑士。创立二刀流,擅长水墨画。著有《五轮书》。

正[1]这样说道：在剑道中，除技术外，最重要的是游刃有余地发挥其技术的精神因素。这就是"无念"或称为"无想"的心境。这并不是持刀站在对手面前时毫无思想、观念、感情的意思，而是说在一切思想、反思或者不羁于爱执的自由意识上，调动与生俱来的能力。这种心境又称为"无我"，毫无利己思想，是一种没有意识自我所得的状态。贯穿西行[2]、芭蕉[3]总体艺术的所谓"闲寂""余情"的观念也一定出自无我的心境。这可以与映水月色进行比较。月也好，水也好，事先都没有特地制造称为"水月"景象的想法，水和月都同样处于"无心"状态。但只要有一道清水，月亮就映照其中。虽

1　高野弘正（1900—1987），大正至昭和时代的剑道家。称号剑道范士。六岁开始在其父的道场明信馆修行剑术，后继承中西派一刀流。同时在早稻田大学教课，还创建剧团，参加演出。

2　西行（1118—1190），平安时代末期、镰仓时代初期的歌人，俗名佐藤义清，法名圆位。曾仕于鸟羽上皇，任北面武士。二十三岁时，感悟人生无常，入高野山为僧。《新古今集》收入他的和歌达九十四首，有《山家集》。

3　松尾芭蕉（1644—1694），江户前期的俳人。以毕生精力将追求诙谐、大众化的贞门、谈林初期的俳谐提高到真正的纯文学高度，孜孜不倦地追求俳谐在更高更深层次上的艺术性，形成以《芭蕉七部集》为代表的蕉门风格，并创立俳论，开创了俳句的黄金时代，成为近世诗的代表。他的作品所提供的典范作用至今还没有被人超越，被誉为"俳圣"。还著有纪行文集《奥州小道》等。

然月亮只有一个，但有水处皆可映照。理解这个道理，剑术则完美无缺。禅与剑道在二者都是以超越二元生死为终极目的这一点上是一致的。自古以来，剑士均对此认同，伟大的剑士无一例外都进入禅门，柳生但马守与泽庵、宫本武藏与春山[1]便是佐证。

高野弘正还告诉我们很有意思的知识：日本封建时代，剑、枪的教师往往被人们称为"和尚"。这个习惯的由来可以追溯到奈良兴福寺的一位了不起的和尚，他属于兴福寺管辖的一所小寺院宝藏院。他是枪术的高手，宝藏院的僧侣都跟着他学习枪术。他自然是弟子们的"和尚"。后来"和尚"便逐渐成为刀枪两道的教师——不论他是否僧侣——的称号。

修炼剑道的地方叫道场。道场是用于宗教修行的场所的称呼，其梵文原意是"开悟之所"。道场的称呼无疑也是从佛教借用而来的。

剑士从禅僧那里继承过来的东西还有一个。古时候，

1　春山和尚（生卒年不详），江户时代名僧，曾任京都泰胜寺第二代住持。宫本武藏于晚年向他学禅，被授予"二天道乐"法号。宫本遂将自己的流派命名为"二天一流"，意为剑术"武藏一流"。

为了磨炼完美的剑术，他们往往在日本国内到处行走，历尽千辛万苦，沿途拜师学艺，努力修炼。禅僧为达到最后的悟道同样不畏艰难云游四方的行动为他们提供了榜样。这种磨炼，僧侣称为"行脚"，剑士则称为"武者修行"。

这个习惯在剑士中何时产生不得而知，但据说神阴流的创建者走遍了日本全国。也是一种因缘，他遇到同样进行行脚修行的一位云水僧。事情是这样的：一天，上泉伊势守在经过一个偏僻的山村时，看见村民们一片惊慌喧嚷。原来是一个走投无路的罪犯劫持村里的小孩逃进一户独栋住宅里。他威胁说，如果村里人要抓他或者伤害他，就会杀掉人质。伊势守意识到事情的严重性，这时他看见一个出家人正从这里经过，无疑是云游的禅僧，便向他借用一下僧衣。为了外形更像僧侣，还让别人把自己的头发剃光。然后，他拿着两个饭团走近前去，对犯人说道：孩子的父母亲不忍心孩子饿死，让我给他送点吃的东西。他把一个饭团伸到犯人面前，继续说道："你也饿了吧？也给你准备了一个饭团。"就在暴徒伸出一只手打算接过饭团的时刻，这个装扮成僧侣的剑士迅速抓住他的手腕，使劲摔在地上，麻利地生擒活捉。之后剑士把僧衣还给和尚，和尚赞扬他，说："你才是真正悟到'剑刃之上'的人"。并将禅僧的象征挂络[1]赠送给他。伊势守说此物断然不敢须臾离身。这个云游僧也是禅僧，看来绝非等闲之人，一定是相当的通悟者。所谓"剑刃之上"，这是禅宗常用之语，指的是能够真正超越生死之羁绊、历经风霜的禅僧。因此，我们足以理解伊势守十分珍惜行脚僧所赠之物——挂络的原因了。

---

1 挂络，由五条袈裟演变的简单袈裟，为禅宗所用。方形，挂于颈脖，垂于胸前，有环扣系之。后净土宗亦引用挂络之式。

第五章　禅与儒教

也许这么说看似是一种悖理或者具有讽刺意味：尽管禅反对重建任何学问与文字，实际上禅在日本却是鼓励研究儒教、促进印刷术发展的驱动因素。禅僧不仅印刷佛教书籍，也印刷儒教、神道的文学书籍。一般认为镰仓及足利时代是日本历史的黑暗时代，其实不然。因为正是在这个时代，禅僧将中国文化引进本国，开辟了后来同化的道路。另外，尤其可以视为日本独特文化的东西也是在这个时期进入了孕育的过程，俳句、能乐、戏曲、园艺、花道、茶道等都始于这个时期。我打算在本章阐述受禅僧影响的日本儒教的发展情况。进入正题之前，先简略介绍一下中国宋学。

从政治上说，宋朝（960—1279）是中国历史上一个多灾多难的时代。北宋一直受到北方的威胁，最后南渡淮河，1127 年淮河以北不得不屈服于北方民族的统治。而且南宋也于 1279 年受到蒙古人的侵略而灭亡，之后元的势力控制中国全境。但是，南北宋在思想和文化领域，尤其是南宋留下了辉煌的业绩。哲学在南方取得罕见的发展。在汉朝以及后来历朝历代被封闭，而且多少受到强有力的印度思想压制的本能思索冲动在这个时期尽管仍处于夷狄的政治势力的压迫之下，却依然呈现爆发的景象。其结果真正是应该称之为"中国式"哲学的兴盛，所有的思想倾向，不仅是中国本土的东西，外来的思想也都全部进行了融合，中国人精神倾向的基础被教条化。宋学是中国人心理的精髓。

对中国人的思考产生决定性影响的因素中，至少有一个是禅的教导。至于禅是如何经常予以启迪，促进思想的诞生，其因在于无视思想上的上层建筑，直接进入事实本质的教导。当儒教变成只是单纯的仪式之学、世俗的道德实践、原著批判的问题、提供促进各个流派的注释机会时，儒教就不再是创造性思考的源泉。可以说濒临崩溃和最后的灭亡。此时，必须呼唤新生力量的复苏。然而，一直与儒教对抗的道教深埋在世俗的、迷信的社会结构的底层，所以，没有可以对儒教注入新鲜血液的理性活力。如果没有禅在唐朝对中国人心理深处的强烈冲击，大概绝不会有宋朝人以崭新的态度对自己的哲学进行改造。几乎所有的宋朝思想家在其一生中至少都有一次闭居禅寺。至于他们在禅寺里悟到了什么，不问自明，那就是对自己土生土长的土地上培植出来的哲学进行重新思考。宋学便是他们精神冒险的成果。他们尽管批判佛教和佛教徒，却充分吸收源于印度的禅这个更容易消化的甘泉。

另外，禅僧同样也是儒教的学徒。中国人原本就只能这样。儒教学者与禅师唯一的不同是，儒教徒将其哲学基础置于本国的思想体系，而佛教徒固守佛教体系，只是使用儒教的语汇。其实禅僧经常使用儒教的语言来表现自己的体验。可以说，这两个系统的不同在于侧重点的差异。禅僧以印度佛教方式解释儒教原典，多少带有理性主义的成分，但同时也不反感以儒教的观点注释自己的佛典。

禅僧来日本的时候，将禅和儒二者都带了过来。而为了学习禅而远渡中国的日本僧侣也是如此。他们的行囊里，除了禅宗的书籍外，还有儒教、道教的书籍。他们在中国的时候，拜禅儒兼通的高人为师，不仅学禅，也学到很多儒教教理。尤其是南宋，多有这样的学者。

我不想细谈中国的禅与儒教、禅与道教的相互关系。在这里只想强调一点：相对于以佛教为代表的印度思想，禅是中国式的。正因为如此，发展于唐代、鼎盛于宋代的禅恰恰反映了中国人的心理倾向。在这个意义上，禅脱离了印度思想的形式，极具实践性和伦理性。从这一点完全有理由说禅具有儒教的色彩。但是，在禅宗史的初期，其哲学是印度式的，即佛教性的。因为儒教的传统教义没有与禅相应的要素。而正是这个要素，后来被儒家有意无意地力图在自己的思想体系中体现出来。换言之，就是禅从儒教中获得实践性，儒教则通过禅的教义间接地吸收印度式的抽象性思维习惯，最后成功地为孔子流派的教义赋予了形而上学的基础。正因为如此，宋代哲学家极力主张四书在儒教研究中的重要性。他们从四书中抽取必要的观点，进行认真缜密的加工，从而创建自己的思想体系。这就自然而然地开辟了通往禅与儒教之间和解的道路。

这样一来，禅僧除了是佛教徒之外，还自然成为儒教的宣传者。严格意义上说，禅没有自己的哲学。它的教义聚焦于直觉的经验，而这些经验的智慧内容未必都是佛教哲学。它可以从任何思想体系中获取营养。

禅师出于某种理由，只要认为对自己合适，就不一定会遵循传统的解释，而是由此建立自己的哲学结构。禅宗教徒有时是儒教徒，有时是道教徒，有时甚至能成为神道家。有时甚至西方哲学也可以被用来解释禅的体验。

十四、十五世纪时，京都的五山不仅出版禅书，也印刷刊行儒教书籍。这些初期的儒、佛书籍中还包括十三世纪的文献，有的至今尚能觅得，作为远东的木版活字印刷品受到极高的评价。

禅僧不仅编修、印刷儒佛原典，还编纂普及版，以供来禅寺磨炼品德、修养智育的众人使用。"寺子屋"这个词汇就是这样流行开来的。寺子屋制度是封建时代唯一的大众教育机构，但最终被1868年明治维新以后的现代教育机构所取代。

禅僧的活动并非仅仅限于日本的中部地区，也会被地方大名招聘，教育其家臣。他们都是儒佛兼修之辈。其中最著名的一个例子可以说是被萨摩藩招聘的禅僧桂庵。他的专长是根据朱熹（1130—1200）的注释教授"四书"，但因为是禅僧，自然不忘结合儒教讲解禅宗的教义。心性论是他修行的指导精神。他还讲解"五经"之一的《春秋》，即中国古代统治者的伦理布令。桂庵在萨摩留下深远的精神影响。其远弟子中，岛津日新斋(1492—1568)声名卓著。他虽然没有得到桂庵的亲自教诲，但他的母亲以及他的其他老师都是桂庵的知交，整个家族都对这位学僧深怀尊崇之意。日新斋属于岛津家族，其长子后来继承本家，统治日本西南部的萨摩、大隅、日向三国。日新斋对道德方面的影响通过其子辐射到所统治的封建领地。1868年明治维新之前，他自然被领地百姓尊为最伟大的人物之一。

五山的禅师中，梦窗国师（1275—1351）、玄慧（1269—1350）、虎关师炼（1278—1346）、中岩圆月（1300—1375）、

义堂周信（1325—1388）等禅师都以禅宗精神研究儒教。皇室和幕府将军亦皆效仿禅师，热心参禅的同时也倾听儒教的讲义。花园天皇（1308—1318 在位）将其行宫赐予关山国师（1277—1360），奠定了洛西花园里临济宗大派妙心寺的基础。天皇一丝不苟地学习宋学，同时热心参禅，远远超越了浅尝辄止的涉猎范畴。他写给皇储的遗训也十分有名，从中可见陛下的睿智。天皇身着禅僧法衣、端然结跏趺坐的画像如今依然保存在他在世时经常冥想静坐的妙心寺内。天皇的《御日记》是一部重要的史料。

我在这里还要补充一句：甚至在江户时代初期，即十七世纪初，儒者也常如僧侣一样剃发。从这个事实可以推测，对儒教的研究在僧侣尤其在禅僧中一直都持续进行；而且当这个领域独立出来，成为知识分子的研究对象后，其教授者依然单纯地沿袭旧习。

由于与本章内容相关，笔者还想在此就镰仓、室町时代的禅对国民精神所扮演的角色补充一句。从理论上说，禅与国家主义毫无关系。既然是宗教，其使命就具有普遍性，其适用的范围就不仅限于国民性。但是，从历史视角来看，它又受到偶发事件和特殊性的影响。禅开始进入日本的时候，与受到儒教和爱国精神洗礼的人们相结合，因此自然带上国民性的色彩。就是说，禅在日本并不是以一种远离任何事件的纯粹形式被人们接受的。不仅如此，日本的参禅者对随禅而来的一切东西都欣然接受，但后来这些附带而来的偶发性的东西又脱离本体，成为独立的存在，甚至无视二者先前的密切关系，发展到敌对关系。阐述日本思想史上的这个衍变过程不属于本书论述的范畴，但我还是想指出：如果沿着这条轨迹追寻的话，甚至可以追溯到中国的思想运动。

我在其他著作中说过，中国民族的理性发展到主要鼎盛于南宋时期的朱子学时达到了顶峰。朱熹是中国最大的思想家，他试图沿着国民本来的心理倾向建构中华思想体系。尽管中国人中也有比他杰出的伟大哲学家，他们的思想却朝着与本国传统倾向稍微不同的印度人的思考方向发展。因此，其哲学不如南宋哲学那样直接对国民产生影响。但是，如果没有这些佛教徒的先驱，就没有南宋哲学的存在，这已经是不容置疑的事实。我们必须了解所谓"理学"是如何在宋朝发展起来的，因为据此可以理解禅对日本人的思想和感情所产生的特殊影响。

中国思想有两个源流：儒教和纯粹的道教（即不囿于民众信仰和迷信的道教）。儒教代表着中国人的心理实践和积极主义，道教因其神秘代表着思考的倾向。佛教在东汉初期进入中国的时候（公元 67 年），可以发现与庄子的思想十分相似。佛教进入中国的初期在中国思想界并不活跃，因为要花费巨大精力将其原典译成汉文。中国人并不确切知道接受佛教并将其融入本国思想信仰体系所走过的道路，然而，通过译成汉文的佛典，他们一定认识到了佛教哲学的博大精深。二世纪时，《般若经》开始被译成汉文，深受感动的思想家们对其进行极其认真严谨的研究。虽然他们尚未能明确掌握"空"的观念，但已知道它与老子的"无"的观念比较接近。

六朝时代（386—587），对道教的研究方兴未艾，发展到以道教的视角解释儒教经典的时期，鸠摩罗什于 401 年从西域进入中原，开始翻译大乘佛教的各种经典。他不仅是杰出的翻译家，也是伟大的、具有独创性的思想家。他为大乘佛教的传播作出巨大的贡献，他的中国弟子们以最适合民族性的方法孜孜不倦地努力继承、发展其思想。三论宗就是这样由吉藏（嘉祥大师，549—623）在中国创建起来的，吉藏哲学的基础是龙树的教义。这才真正是在孔子、老子的国度第一次兴起的优秀的思想体系。然而，这个宗派的著述依然深受印度思想的影响。他的思想是印度式的，未必是以中国式的思维方式进行思考的。他当然是中国的佛教徒，但他是一个佛教学者。可以这么说，他不是作为中国人，而是作为佛教徒进行思考的。

继承三论宗的是隋唐的天台、唯识、华严。三者分别以《法华经》、无著和天亲的唯心主义教义、《华严经》为本。可以说，华严哲学是中国佛教思想的顶峰，显示着中国的佛教精神所到达的宗教思考的最高水平。这是迄今为止东方人的力作中最引人瞩目的思想体系。包含《十地经》以及《入法界品》在内的《华严经》所阐述的思想、感情对于中国人的心理来说，完全是异国的东西，其实它所显示的无疑是印度人创造性想象力的顶峰。然而，像杜顺、智俨吸收这些印度的、与自己完全不同的想象力所产生的东西，并进行理性的、系统的咀嚼消化，这是中国佛教徒充满智慧的杰作。经过几个世纪的佛教教育和反思，才终于诞生可以称之为中国的宗教意识，而华严的哲学正佐证着它的深邃。而且华严的哲学真正把中国的思考精神从长眠中唤醒，尽量赋予强烈的刺激，从而造就宋学的成果。

在华严哲学成为中国佛教徒的智慧代表时，产生了另外一个更能掌握中国人心灵的教派——禅，二者势均力敌，并驾齐驱。禅的一部分诉诸中国人的心理的实证性格倾向，同时，禅的另一部分诉诸中国人对神秘性的追求。禅轻蔑文字知识，为了直接掌握终极的实在，修禅者坚信最有效的手段就是倡导直观的理解。事实上，经验主义、神秘主义、实证主义都是极其容易携手相行的。它们都不喜欢经验事实本身以及在事实周围建立知识性结构。

人作为社会性的存在，不满足于单纯的经验，他希望将经验传递给别人。就是说，直观必定具有其内容、观念、理性的重构。禅竭尽全力，就是为了牢牢站稳在直观理解上，而且随心所欲地驱使调动念象、表象以及——说起来有点不太好听的——诗意手段。但可以这么说：当禅必须诉诸理性作用时，就成为华严的好伙伴。禅与华严哲学的融合作用绝非故意为之，但二者的关系却因为华严宗的大学者、同时也是参禅者的澄观（738—838）和宗密（780—841）等人而备受瞩目。由于二者如此接近，使得禅对宋学者的儒家思想产生了影响。

就这样，唐朝为"理学"的蓬勃兴盛开辟了道路。我认为，"理学"是从华严、禅、孔子、老子等各种学说熔于一炉的大坩埚里冶炼出来的、最珍贵的中国本土的产物。

朱熹的学说也有赖于前辈的基础，周敦颐（1017—1073）、张横渠（1020—1077）、程明道（1032—1085）、程伊川（1033—1107）……他们都试图纯粹地在中国式心理基础上建树哲学，而且主要是从"四书"（《论语》《孟子》《大学》《中庸》）以及《易经》中寻觅其基础。他们都研究禅，并努力以此形成自己的学说。他们借助于禅，这是事实。在他们埋头钻研古典，为弄懂其中含意而勤奋刻苦的时候，脑子里会突然出现某个闪念，他们相信这个经验才具有真正的意义。他们在宇宙产生论、本体论中，提出原始性的"无极""太极""太虚"等论点。这些观念产生于《易经》和老子，但他们大概已经意识到这里所说的"太虚"具有佛教的要素。如果用伦理学的语汇翻译这个原理的话，那就是"诚实"。他们相信人生的理想在于培养诚实之德。因为只有这样世界才会依次而真实存在，发源于太极的阴阳两极之原理相互交感，从而生成万物。他们把诚实称为"理"或者"天理"。

宋学中存在与"理"相对应的"气"。这个对立由"太极"，即"无极"予以平衡。"理"贯穿万物，无处不在，遍存各物。"理"不在则物不存，存在失去实体，归于不存在。"气"具有分化作用，从而使一个理性产生多样化、特殊的世界。理与气就是这样互相渗透互相补充。

太极与理、气的关系还不是很清楚，只是觉得太极是理、气二原理的综合，但宋学似乎不想止步于二元论。这大概是因为华严哲学的影响吧。太极本身是一个暧昧含糊的观念，看似元始性的物质，而且又说它就是无极。当这样说"太极即为无极"的时候，可以理解为一个是"高于物质"的某种东西，一个是"低于物质"的某种东西。如此一来，就会产生这样的怀疑：为什么"高于物质的东西"会变成"低于物质的东西"？当然也可能产生相反的疑问。理与气之间也会产生同样的困境。宋朝的哲学家，在这一点上根本不会追随佛教徒那种断然否定世界的具象性、认为世俗以及世间一切皆"空"的思想。中国精神总是主张特殊实在的世界。即使在最接近华严哲学的时候，他们也不会超越世界的具象性而前行。

在朱子的宋学中最具有价值，而且又是最实际的方法，对中国和日本产生巨大影响的是其历史观。它是对贯穿孔子编纂的伟大经典之一《春秋》的整个观念体系的发展。该书为孔子所编纂，是一杆道德之秤，用以衡量战国时代著名的诸侯的主张。中国当时分裂为数个王国，互不相让，他们主张篡位者即为正统，王位永传不息。由于统治者随心所欲，导致政策反复无常，摇摆不定，失去方向。孔子编纂那个时代的编年史，其目的就是为本国将来的政治家们制定具有普遍性的伦理标准。可以说，《春秋》就是通过阐述历史事实进行说理的实用型伦理法典。

朱子仿效孔子，将司马光的巨著缩编为一部中国史。他在这部书中宣扬被称为"名分"的礼节大原则，提出应以此作为任何时代共通的政策指导原则。宇宙由天地的各个法则所掌管，人事亦如此。这些法则要求我们一切都要遵守自己本来就拥有的东西。人有"名"，占有一定的社会地位，因此就应该践行某种"分"。人在被分配的地方居住着，作为所属的集体中的一员，要求尽责尽职。为了保持并提高构成这个社会关系网的所有人员之间的和平与幸福，必须对这个网络予以高度重视。统治者有其应尽的本分，臣子有臣子的本分，父子之间也互有规定的义务。这样，在名、位、分上不得有任何的障碍和僭越。

朱子之所以极力主张他所谓的"名分论"，是因为他看到北方的入侵者损害宋朝的主权时，政府的达官贵人在如何应对入侵敌军的问题上摇摆不定，甚至有的高官重臣妄图采取对敌谈判妥协的政策。眼前这一切景象，大大激发了他的爱国精神和国民精神，所以他把性命豁出去也要宣扬自己的主张，反对一部分政治家试图任由北方民族欺压自己的政府。他的哲学没有把南宋从强大的蒙古势力下拯救出来，但不仅在中国，尤其在日本的整个封建时代也为大众所普遍接受。

朱子学如此强烈地诉诸中国人的心理，在历朝历代能成为官方认可的思想体系，主要原因之一是其骨子里包含着促进中国文化发展的所有代表性的正统思想。还有就是具有甚至满足中国式思维和感觉方式所需要的一切条件，而这也是由朱子完成的。再一个原因，它是最适合中国人心理的"秩序哲学"。无疑这是大家所热心追求的。当然，中国人和其他国家的国民一样，也是爱国的，充满了作为国民的自尊心，但他们比较实际，而不是感性的；始终贯彻现实主义，而不是理想主义。他们脚踏实地。天上的星星很美，他们也会仰望星空，但他们从不忘记如果离开大地母亲则一天也无法生存。因此，他们更醉心于朱子的社会秩序论和功利哲学，而不是朱子的理想主义和感情主义。在这一点上，中国人与日本人不同。

程明道的以下这段话准确地阐述了中国人的心性。

道之不明，异端害之也。昔之害近而易知，今之害深而难辨。昔之惑人也，乘其迷暗。今之惑人也，因其高明。自谓之穷神知化，而不足以开物成务。言为无不周遍，实则外于伦理。穷深极微，而不可以入尧舜之道。

——《鸣道集说》

这里所说的"异端"，自然是指佛教思想。宋代学者认为，佛教理想高远，在实践上无法为现实的国民所接纳理解。宋学的这种实践性与禅一起同船来到日本，渗透着朱子军事精神的宋学民族主义也东渡日本。

南宋后期，许多爱国军人、政治家、禅僧率先抵御抗击外敌。民族主义精神渗透于全社会的知识阶层，当时到宋朝的日本禅僧也学习、吸收朱子学派所规范的精神与哲学。不仅赴宋的日本人，从南宋来日卜居的中国人也带来了禅和宋学者的理念信息。他们努力宣传民族主义哲学，团结一致，在各个方面都获得了成功。最著名的表现就是后醍醐天皇的朝廷所做出的划时代的决断，他们试图收回一直掌握在镰仓幕府手里的政权。这次皇室的行动据说是天皇及其大臣研究朱子的中国史后深受启发而策划的，而且他们是在禅僧指导下进行研究的。史家认为，北畠亲房的《神皇正统记》也是朱子学研究的成果之一。亲房是拥戴后醍醐天皇的杰出文官之一，和天皇一样，都是参禅者。

不幸的是，后醍醐天皇及其朝廷收回政权的行动以失败告终，但后来的政治变化并没有造成儒学在日本知识阶层中的衰退，在五山以及地方禅僧的带动下，儒学依然生机勃勃地延续下来。室町时代，朱子学作为儒教的正统派理论为社会所公认，禅僧也以超越单纯学问研究的态度对朱子学倾注了更大的热忱和精力。他们深知禅在哪一点最为人们所必需，宋学在哪些地方最能显示出实际效果。于是，他们成为宋学的官方宣传者，其影响从京都一直扩大到偏远之地。

禅僧将朱子所形成的宋学体系和禅区分开来进行思考，这种倾向到德川时代，便出现一股使日本的佛教与儒教之间各自划定势力范围的力量。虽然朱子对鼓吹中国式思维、感觉方式的实践精神持非常赞成的态度，但德川幕府的创立者们对这一点的感觉更为强烈。他们渴望在经历多年战乱以后国家能恢复和平和秩序，并深知只有中国的教导才是达到这个目的的最好手段。最早通过朱子训注祖述宋学的御用学者是藤原惺窝和林罗山。惺窝原是佛教僧侣，却喜欢研究儒学书籍，最终还俗，当然暂时还光着头。在他与林罗山之后，儒教研究一直后继有人，但禅僧满足于专注阐述自己的教义。有一点不能忘记的是，与中国一样，日本自介绍宋学以后，也不断有人倡导儒教、佛教、神道三教合作的主张。日本思想史在这一点上值得关注的事实是，公认是日本国民精神体现的神道，从教义上看并没有承认自己独立于儒教、佛教。其主要原因大概是神道原本就不具有足以使自己独立的哲学，在与儒教或佛教接触的过程中才开始觉醒自我存在的意识，于是仿效学习表现自我。怪不得本居宣长（1730—1801）及其弟子们猛烈攻击儒佛，认为它们是外来的学说，与日本人的生活方式与感觉方式格格不入。然而，他们爱国的保守主义与其说是出于哲学的缘由，不如说是受到政治动机的激发。他们无疑都为促使 1868 年明治维新的发生倾尽全力，但如果从纯粹的哲学视点来看，他们的宗教性国民主义辩证法中究竟具有多少普遍性要素令人甚为怀疑。

第六章　禅与茶道

一

　　禅与茶道的共同之处在于二者都力图把事物简单化，摒弃掉不必要的赘物。禅是通过对终极实在的直觉性把握予以完成的，茶则通过把在茶室内点茶的形式典型化，并将其移植于生活，从而完成。茶道具有原始的单纯性的洗练之美，为实现其亲近自然的理想，居于茸茅之屋，坐于虽仅四叠半却精心讲究结构布置的小室。禅的目的是要剥去人类为了把自己装饰得有模有样而设计制作的一切人为的外衣。禅先是和理性斗争，那是因为虽然理智可能有助于实用，却妨碍我们深入挖掘自我存在。哲学提出所有的问题，要求给予理性的解决，但未必能以此让我们获得精神的满足。即使不是所有的人都拥有丰富的知识，但都必须得到精神上的安宁。哲学之路只能由具有这种倾向的特殊的人们去开拓，不可能成为人们普遍性的审视主题。禅，更广义地说——宗教，对人所认为具有的一切东西甚至生命都满不在乎，而是回归最后的生存状态，即"本住地"或者"父母未生之前之本来面目"。这是我们每个人都能够做到的。因为我们正是依靠这个东西得到现在的身子，如果没有这个东西，我们将是"无有"。之所以可以称为最终的单纯化，那是因为事物无法还原为比它更单纯的状态。茶道通过建在古松下面的一间小茅屋作为单纯的象征。既然它的形态被如此象征，那么就不必介意对茶进行技巧性的认识，但不言而喻，这种认识的指导原理应该与所产生的独创性观念，即剔除赘物完全一致。

镰仓时代之前，日本人就知道茶，推广普及茶的据说是荣西禅师（1141—1215），他从中国带回来茶种，种植在寺院的院子里。他将自种的茶叶以及关于茶的著作《吃茶养生记》送给恰好患病中的将军源实朝[1]。于是，荣西就成为日本的种茶始祖。他认为茶有药效，有利于治疗各种疾病。他在中国禅寺的时候一定看过烹茶的制作方法，但好像并没有专人教他。烹茶（茶汤）是在禅寺中款待客人，或者款待禅

1　源实朝（1192—1219），镰仓幕府第三代征夷大将军，是初代将军源赖朝和北条政子的次子。

寺各位僧侣的礼仪。大约晚荣西半个世纪之后，大应国师[1]把这一套烹茶的制作方法从中国带回日本。大应之后，数名禅僧来到日本，成为茶汤之师。后来最有名的是大德寺的一休和尚[2]，他把制作方法教给其中的一个弟子珠光[3]。珠光运用其艺术天才加以发展，成功地加入日本情趣。珠光从而成为茶道的创始人，并且把茶道技艺教给艺术的重要保护者、当时的将军足利义政[4]。后来，绍鸥[5]和利休[6]，尤其是利休加以改良，成为集大成者。现在"茶汤"一般英文译为"tea-ceremony"或"tea-cult"。禅寺传统的茶汤，如今与坊间流

---

1 大应国师（1236—1308），即南浦绍明，镰仓时代临济宗僧侣。谥号大应国师。

2 一休和尚（1394—1481），即一休宗纯，后小松天皇皇子，幼年出家，室町时代禅宗临济宗的著名奇僧，歌人、书法家、画家。

3 珠光（1422—1502），即村田珠光，室町时代中期的茶人、僧人。"侘茶"的创始人。

4 足利义政（1436—1490），室町幕府第八代征夷大将军。

5 绍鸥（1502—1555），即武野绍鸥，日本茶道创始人之一，受村田珠光的影响。千利休的老师。

6 利休（1522—1591），即千利休，战国至安土桃山时代著名的茶道宗师和集大成者，日本人称之为茶圣。其"和、敬、清、寂"的茶道思想对日本茶道发展的影响深远。

行的作法不一样，自成一派。

因为佛教生活蕴含茶道的诸多特色，所以我经常思考茶汤。茶清心爽神，不醉人，原本就具有供学者、僧侣品尝的特性。茶之所以能在佛教寺院广泛普及，那是因为茶最早是由禅僧介绍到日本来的，所以是极其自然的。如果说茶是佛教寺院的象征，那能不能说葡萄酒代表基督教呢？基督教徒普遍都喝葡萄酒。在教会里，葡萄酒被认为是基督的血的象征，按照基督教学者的说法，这个血是救世主为罪孽深重的人类而流的。大概因为这个缘故吧，修道院都有酒窖。他们端着酒杯围在酒桶四周愉快地交谈享乐。葡萄酒起初让人轻松快活，很快让人酩酊大醉。茶和葡萄酒在很多点上形成对照，这种对照后来也出现在佛教与基督教之间。

我们知道，茶汤不仅仅在其实际发展的过程上，更是通过其仪式流露出对精神的尊崇，体现出与禅的密切关系。这种精神，使用情感用语表达的话，就是"和、敬、清、寂"。这四个要素对于有始有终地顺利完成茶汤的整个仪式是十分必要的，都具有构成人们相亲相爱、有序生活的本质的成分，当然，这个生活无疑是指禅寺的生活。禅僧的进退举止都必须完全符合规矩。这从曾经造访定林寺[1]的宋代儒者程明道的话中可以想象出来。其曰："三代礼乐，尽在是矣！"古代的"三代"是中国的政治家梦寐以求的理想社会，是一个社会稳定、人民尽享太平至上的治世恩惠的时代。甚至在今天，禅僧依然积极修行，无论在个人还是集体行为上遵循各项礼仪规范。小笠原流[2]的礼仪规范皆源于《百丈清规》[3]中的各项规制。禅的教义在于超越形态、把握精神，但我们绝不能忘记我们所居住的世界是特殊形态的世界，精神只能通过形态的媒介才能表现出这个事实。因此，禅既是二律背反者，同时也是修行主义者。

调和（harmony）的"和"也可以解读为"温柔"（gentleness of spirit）。我觉得，似乎"温柔"才能更准确地体现贯穿茶汤整个流程的精神。调和意味着形式，而"温柔"暗示着内心的感情。总之，毋宁说茶室的气氛在四周酝

1　南京紫金山的定林寺。

2　小笠原流，室町时代，小笠原长秀制定的礼节、礼仪的流派。在江户时代受到重视，成为武家的礼法。

3　《百丈清规》，唐代禅宗高僧百丈怀海（720—814）制定的禅宗丛林清规。对禅宗的教规进行了改革。

酿出"温柔"：如触觉的温柔、茗香的温柔、光线的温柔、音响的温柔等。首先捧起茶碗，手工制作的，形状有点歪斜，釉挂得也不均匀。茶碗具有原始性，但这小小的茶具就富含和、静、慎等独特的美。焚香也绝不能强烈刺激，而是温和缥缈。窗户、隔扇都要营造茶室内温馨柔和之美。室内的光线总是温柔和煦，诱人进入冥想式的氛围。穿越老松翠叶的风声与煮炉滚釜的水声要和谐共鸣。这环境的营造恰如其分地反映出茶人的人格。

"以和为贵、无忤为宗"。

这是宪法十七条的开头部分。这部宪法是 604 年圣德太子[1]制定的。是太子赐予臣下的一种道德、精神的训诫。这个训诫，其政治意义姑且不论，开宗明义就把精神之和摆在非常重要的位置，可谓意义深远。事实上，这是第一次表达出来的日本意识，人们在经历过几个世纪的文明后终于觉悟到这一点。日本近来成为好战国而广为人知——这完全是误解，就日本人对自己的性格所具有的意识，总体上说，他们认为自己是性格温和的国民。这样认识有其道理，环绕

1　圣德太子（574—622），飞鸟时代的皇族、政治家。用明天皇第二子，推
　　古天皇时的摄政，与苏我马子共同执政。

日本全岛的自然氛围，无论是气候还是气象，总体上具有温和的特点。这主要基于空气中大量存在的水蒸气。山峦、村落、森林等都被水蒸气浸润着，呈现柔和平缓的外观。花卉的色彩大抵不是秾丽妖艳，而是含带清新淡雅的纤细。春天的草叶形态让人清心爽目。在这样的环境里陶冶的敏感之心，无疑从中吸收许许多多的养分，这就是内心之和。然而，随着我们接触到社会、政治、经济、民族等各种难题，往往容易背离日本性格的基本美德。我们必须保护自己免受污染。这个时候，禅会来帮助我们。

道元[1]在中国学禅数年，回国以后，有人问他在中国学到什么，他回答说"除柔软心外，别无所学"。所谓"柔软心"，就是柔和优雅之心，也就意味着精神之和。一般而言，人过于利己，充满固执的反抗心。个人主义过头，就不能实事求是地认识、对待事物。反抗意味着摩擦，摩擦是一切麻烦的根源。心中无我，心灵自然温柔，就不会对外部的力量显示反抗心。这并不意味着缺少任何感受性。然而，从精神的角度来看，基督教徒和佛教徒都知道必须按照道元的

---

[1] 道元（1200—1253），镰仓时代禅师，将曹洞宗引进日本，成为日本曹洞宗始祖。永平寺住持，人称永平道元。

教导，灭我，体会柔软之心的意义。茶汤的"和"与圣德太子的训诫是相同的。"和"与柔软之心的的确确是世间生活的基础。如果说茶汤的目的就是在其细小的世界里建立净土的话，那就必须把"和"作为出发点。为了更明确阐述这一点，我下面引用泽庵的一段话：

茶亭之记

茶汤以天地中和之气为本，乃治世安邦之风俗。然今人一味以其作为邀朋聚会之媒，清爽饮食，以助口腹。且茶室尽善尽美，珍贵茶具应有尽有，夸己之巧，嘲人之拙。此皆非茶汤之本心。不如于竹荫树下筑一小室，贮水石，植草木，（室内）置炭，摆釜，插花，饰茶具，皆为山川自然之水石，移入斗室之中，赏四季风花雪月之景，感草木荣茂之时，迎客以礼。闻釜中松风飒飒，忘世上之念虑；流一杓瓶水之涓涓，涤心中之尘埃。此应为人间之仙境。礼之本为敬，其用以和为贵。此可谓孔子之礼的体用，即茶汤之心法也。纵有贵人公子来访就坐，其交也淡泊，绝无谄媚之事。即使晚辈会席，亦礼敬之，不怠慢。乃空中有物，和而尤

敬。迦叶之微笑，曾子之一唯[1]，真如玄妙之意，乃
意会之理。建茶室，备茶具，乃至添炭、怀石料
理、衣服等，不俗不艳。器具可旧，人心常新。不
忘四时风景，不破、不贪、不奢，谨慎、不怠，坦
诚、真实，乃为茶汤。如此，则赏天地自然之和
气，移山川木石于炉边，五行具备。汲天地之流，
品风味于口，大矣哉！享天地中和之气，此乃茶汤
之道。

——《结绳集》

茶汤与禅对日本社会中存在的某种民主精神作出过什
么贡献呢？日本的封建时代的等级制度虽然严格，但人们之
间依然存在着平等友爱的观念。形形色色的各种等级的客人
在四叠半榻榻米的茶室里一视同仁地受到款待。这里不存在
世俗性的各种顾虑。平民与贵人促膝而坐，就共同感兴趣的
事情诚恳地交谈。禅自然不允许存在世俗性的差别。禅僧无
拘无束地接触社会的各个阶层，和任何人都可以敞开心怀交

1　语出《论语·里仁》："子曰：'参乎！吾道一以贯之。'曾子曰：'唯。'"
后因以"一唯"谓应诺迅速，全无疑问。

谈。抛弃社会在人们之间设置的人为羁绊，时时进行自由而自然的心灵交流，甚至包括和动物、植物、无生物进行交往，禅的这种愿望已经深入人心。因此，人们总是兴奋地迎接这个机会的到来。泽庵所说的"赏天地自然之和气"无疑也正是这个意思。在那个世界里，天使们都为此和谐合唱。

"敬"原本是宗教性的情感——是对超过我们这些难免一死的可怜人的存在物——的一种情感。后来这种情感被运用到社会关系里，沦为单纯的形式论。在民主主义的现代社会，最近也有人对此持怀疑态度，但至少从社会性的视角来看，所有的人生而平等，无贵贱之分。然而，如果追溯"敬"这个情感的原本含义加以分析，就会发现这是对自己的无价值进行的反省，即认识到自己无论在肉体还是智力，在道德还是精神上的局限性。这种认识在心中产生一种希望超越自我的欲念，即希望与那些以相反的形式对立于我们的存在进行接触的欲念。这种渴望使我们的精神活动外向化。但一旦反照自身，就成为自我否定、自卑、罪恶感。这些都是消极性的"德"，但若以积极性方面看待，就变成了"敬"，一种不轻侮别人的情感。人是矛盾的存在体。有时候自我感觉与别人完全一样，但内心又怀有别人比自己优秀的疑虑——这是一种复杂的自卑感。大乘佛教里的"常不轻菩萨"说绝不能轻视别人。当自己独自封闭在自我存在的最深层的时候，就会怀着谦逊的心态产生一种让自己作用于他人的心情。就是说，无论什么事情，"敬"中存在着深刻的宗教性倾向。禅可以在天寒地冻之夜将寺院里的所有佛像烧毁以取暖。在他人眼里，禅就是摒弃一切迷惑性表面虚饰的真理，为了支持这个真理的存在，可以毁灭包括珍贵遗产在内的一切文献。然而，禅绝不会忘记对经受风吹雨打、土掩泥埋的微不足道的小草的尊敬，绝不怠惰于将这种大自然真正的野花供奉给三千世界的佛陀。禅因其知道轻视，也知道尊敬。禅最需要的是诚实，与其他任何东西一样，这诚实并非概念化和形而下的单纯模仿。

　　丰臣秀吉[1]是茶道强大的保护者，也是茶道实质上的创始者千利休的崇拜者。他总是喜欢追求气派、排场、高调，后来却似乎多少理解了利休一派所倡导的茶道精神。他在利休举办的一次茶会上对利休吟咏过这样一首和歌：

　　　　　汲入内心无底处，

1　丰臣秀吉（1537—1598），战国时代、安土桃山时代大名，著名政治家。近代首次统一日本，是日本战国三英杰之一。

方知此乃为茶道。

秀吉在很多方面是一个粗野残虐的暴政者，但从他喜欢茶道这一点来看，除了把茶道用于政治策略外，我想他对茶道也有纯粹的艺道方面的认识。他的和歌说茶道汲于他的心泉深处，这涉及"敬"的精神。

利休教导他：

应知茶汤不过是：
烧水沏茶饮服之。

这是多么简单啊！人的一生无非就是出生、饮食、劳作、睡觉、结婚、生子，最后去往无人知道的地方。如此想来，茶就像人的一生那么简单。然而，究竟又有几个人能过着无怨无悔地绝对信神、真情实意地醉心于神灵的生活呢？人活着的时候考虑死，临死的时候渴望生，做一件事，往往纠缠着种种不必要的东西，很多情况下，毫不相干的诸多事情麇集在脑子里，分散了本应用来集中思考问题的精力。水注入盆里，倒进去的不仅是水，还有善恶、是否真诚等种种繁杂的东西，必须擦拭掉的东西以及在自己深层的潜意识里无法倒出来的东西。如果分析一下沏茶的水，其中包含着扰乱污染意识流的一切污秽。茶艺的完成只是停留在技术的层面。此时，还存在着无技巧的完成，人内心深处的诚实自然而然地流露出来，这就是茶道里"敬"的含义。因此，敬就是心灵的诚实和单纯。

可以说，创造了茶道精神之一的"清"是日本人心理的贡献。"清"是清洁，有时也是整理。凡与茶有关的任何事情、任何场所都可以看到"清"的存在。在称为"露地"的茶室庭院里，可以自由地使用清水。如果无法利用自然流水的地方，就放着盛有清水的石钵用于洗手。不言而喻，茶室要做到纤尘不染。

茶的"清"令人想起道教里的"清"。二者之所以相通，是因为修行的目的都是为了清除五官的污秽，使心灵获得自由。

某位茶人这样说道：

> 茶之本意在于清洁六根。观挂轴、插花，闻香气，听水声，品茶味，举止中规中矩，五根清静之时，意念自清静。总而言之，此乃静心之处。余之心终日不离茶汤，并非完全为了消遣。至于器

具，十分相宜。

——《叶隐》第二卷闻书之二

利休有这样一首和歌：

> 露地不过尘世路，
> 缘何心尘撒其上？

这与下面的和歌意思一样，利休叙述自己从茶室里平静凝视露地时的心境。

> 庭院松叶终未扫，
> 细看不见积纤尘。

> 天边明月照屋檐，
> 心头晴朗应无愧。

这就是体味到纯粹闲寂、不为任何情感所动的"绝对"的孤独的心境。

岩上积雪没小路，

无人来访无人待。[1]

　　茶道最重要、几乎被视为圣典的一本书就是《南方录》[2]，其中有一段话说，茶汤的目的是在这世上实现小规模的清净无垢的净土，虽然只是短暂的少数人，但构建出了一个理想的社会。

　　　佗（空寂）之本意在于表现清净无垢的佛教
　　世界，至此露地草庵，绝弃尘芥，主客倘能直心
　　交流，不求规矩仪轨。止于起火沸水吃茶，不谈他
　　事。此乃佛心流露之所在也。若拘泥于虚礼，则堕
　　入世间俗套，变成客讽主之过，主嘲客之咎之类。
　　此处常遇见深得体会、大彻开悟之人。以赵州为主

1　意为积雪把小路掩没，没有人来参加茶会，外面的房间也无人等待。

2　《南方录》，茶道书。据云是千利休的弟子南坊宗启根据利休的口授记录
　　编撰而成。成书于文禄二年（1593），是利休开创的"佗茶"的入门书，
　　各卷具体记载茶道的规矩礼仪。后立花实山补充《秘传》《追加》两卷。
　　但也有人认为这是一部伪作。

人，初祖大师为宾客，休居士[1]与本僧共扫露地之
尘，此一小聚岂不和谐哉？

——《南方录·灭后书》

通过这段出自利休高足之手的文章，可以知道禅的精
神深深融化在茶里。

我专辟一节阐述构成茶道第四个要素的枯寂或空寂
的概念。其实，这的确构成茶道最本质的要素，没有这个
"寂"，茶道就不复存在。也只有站在这个观念的高度，才能
理解禅与茶的密切关系。

二

构成茶道精神的第四要素，我使用"tranquillity"（静
寂）这个词来表达。也许这个词可以表达汉字"寂"所包

---

1 休居士，指千利休。

含的一切含义。"寂"的日语读音是"sabi"，但"sabi"比"静寂"的内涵更丰富。相当于"寂"的梵语是"śānti"，有"静寂""平和""静稳"的含意；"寂"往往在佛典中用来指"死"或者"涅槃"。但这个词用在茶汤上，所指的近似于"贫困""单纯化""孤绝"等意思，在这里，"sabi"与"wabi"是同义语。

为了体验贫困的滋味，或者为了能心平气和地接受施舍，需要宁静的心态。然而，"sabi"和"wabi"二者都暗示对象性的存在。总是存在着某种可以产生"wabi"气氛的对象物。"wabi"并非单纯是对某种存在环境的心理性反应。这其中存在着美的指导原则，否则，贫困就仅仅成为穷乏，孤绝也就成为具有"ostrakismos"（放逐、排斥）、异化、厌世的倾向。因此，可以把"sabi"与"wabi"定义为对贫困的审美鉴赏。如果将其运用于艺术原理，就需要构建或改造出一个能唤醒"sabi"与"wabi"情感的环境。今天使用这两个单词的时候，"sabi"一般适用于各个事物或环境，"wabi"则通常令人联想到适用于穷乏、不充分或者不完全的生活状态。

一休的弟子、足利义政的茶道师珠光在向弟子们传授茶汤精神时，经常讲述这样的故事：

一个中国诗人写有一联诗——

前林深雪里，昨夜数枝开。

向朋友请教，朋友说把"数枝"改为"一枝"如何？诗人从其言，称赞其为"梅花一字师"[1]。在积雪深厚的森林里一枝梅花绽放，这里就有"wabi"的观念。

据说珠光在别的场合还说过这样一段话：

观名马系于茅屋之中，见珍品列于陋室之内，别具一格。

这令人联想到"破襕衫里盛清风"这句禅语。表面上并无特别之处，内容却与外形截然相反，不论从哪一点来说都是语言无法形容的"无价之宝"。因此，可以这样定义

1　此诗典出晚唐齐己的《早梅》五律，"前村深雪里，昨夜一枝开"（该书引用为"前林深雪里"，疑有误）。据《唐才子传》记载，齐己曾以此诗求教于郑谷，诗的第二联原为"前村深雪里，昨夜数枝开"。郑谷读后说："'数枝'非'早'也，未若'一枝'佳。"齐己深为佩服，便将"数枝"改为"一枝"，并称郑谷为"一字师"。

"wabi"：深藏于清贫后面的、难以言喻的平静的愉悦。茶正是艺术性地表现这个理念。

如果茶室里出现流露出不诚实迹象的东西，一切皆毁。茶室里所有无法估价的器具都必须是纯朴无华地摆在那里，似无却有，必须是让人忽而注目，乍一看并无特别之处，却具有引人关注的魅力，走近前去仔细观察玩味，出人意表地发现闪烁着金矿的光芒。然而，至于是否发现黄金本身，金矿都始终在那里。这就是不必拘泥于偶然性，任何时候都不能丧失真实性，即对自己的诚实。"wabi"意味着对自己本性的忠实。茶人静坐于毫无装饰的小庵里，倘有不速之客来访，则沏茶，插花，主客融洽交谈，感铭于心，度过一个宁静愉快的午后。这不才是真正的茶汤吗？

也许有人会问："现代社会里有几个人具有茶人这样的条件呢？悠哉游哉地接待客人，倾心畅谈，简直是异想天开。还是先解决面包的问题，缩短工作时间吧。"然而，实际上，我们所谓的现代人已经失去了闲暇。没有时间和心情让自己苦闷的内心获得真正的生活快乐，只是一味为了刺激而追求刺激，不过是暂时地窒息内心的苦闷。关键的问题在于：生活是为了有教养地、从容地享受呢，还是为了追求快乐和感官的刺激呢？把这个问题定下来以后，我们甚至可以否定现代生活的全部结构而重新开始。我们的目的不是成为始终追求物质欲望和心灵麻醉的奴隶。

有一个茶人这样写道：

> 天下侘之根源在于天照大神，作为日（本）国大主，穿金戴银，广造殿宇，无人叱之，然其居茅舍，吃黑米，凡事谦恭谨慎，毫不懈怠，实乃冠世之茶人也。
>
> ——石州流：《秘事五条》[1]

作者将天照大神视为身居陋室代表性的茶人。这显示出茶是对原始的、单纯的美的一种欣赏，换言之，茶是在允许人生存的范围内回归自然，希望与自然融为一体。茶道就是人内心深处所憧憬的美的表现。

通过以上的阐述，我觉得"wabi"的概念已经逐渐明了。可以说，真正的静寂生活始于利休之孙宗旦[2]。他认为

---

1 石州流，片桐石州开创的茶道流派，后分成好几个小派别。

2 宗旦（1578—1658），即千宗旦，江户时代前期的茶人，千利休之孙。创立千家流茶道。

"wabi"是茶道的精髓，相当于佛教徒的道德生活。

　　"侘"一字于茶道极为重要，为持戒。然俗辈之流表面上借助"侘"，背地里毫无"侘"意。故而，形似"侘"意的一间茶斋，却耗费几多黄金，鬻田而购珍奇之磁器，以炫耀宾客，自诩为风流，何之谓也？侘，乃物质匮乏、事不如意、怀才不遇之意。"侘""傺"二字组成"侘傺"[1]，如《离骚》注云："侘为立也，傺为住也，忧思失意，住立而不能前。"又，《释氏要览》云："狮子吼菩萨问：'少欲知足，有何差别？'佛言'少欲者，不取；知足者，得少不悔恨。'"再看"侘"的含意以及训读[2]，不自由也不生不自由之念，不足也不生不足之念，不顺时也不生不顺之念，为如此理解"侘"。倘若不自由时生不自由之念，不足时愁不足，不顺时抱怨不顺，此非"侘"，可谓实乃贫人。当一切

1　典出《离骚》："忳郁邑余侘傺兮，吾独穷困乎此时也。"

2　训读，日语中对汉字的一种读法。指使用日语固有语音表现汉字含意的读法。有别于"音读"。

如此之念无法畅通时，应坚守侘之意，与保持佛戒
无异。

——《茶禅同一味》或《禅茶录》

"wabi"与美以及道德、精神性融为一体，因此茶人将茶视为生活本身，即使这是如何的高雅，也不会将其视为单纯的游艺。于是禅就直接与茶产生关系。实际上，以前的茶人大多非常认真地参禅，将参禅的感悟应用于其专业的茶汤技艺。

宗教有时也可以定义为逃离世俗的无聊单调生活的途径。但是，学者们表示反对，他们不认为宗教是为了到达"绝对境界"或"无限"而逃避人生，而是追求超越人生。然而，事实上，宗教确实是一种逃避，逃避到可以让自己暂时喘一口气、得到恢复的地方。禅作为精神的修行也是如此，不过，禅过于超然，有的地方一般人难以企及，所以参禅的茶人通过茶这个形式千方百计地实践对禅的深刻感悟。恐怕这样才能极大地体现他们对美的恋慕。

通过以上对"wabi"的讲解，读者也许会认为"wabi"多少具有消极的因素，适合人生失意者赏玩。从某种意义上说，也的确如此。然而，身体异常健壮，一辈子在任何时候

都不需要一两服医药或者清凉剂、刺激剂的又有几个人呢？何况任何人都注定要死的。从心理学的角度来说，身强力壮、精力充沛的实业家一旦退休就急剧衰老，这样的例子很多。为什么呢？因为他们不懂得养精蓄锐。就是说，在他们宵衣旰食、忘我工作的时候，没有注意到需要退而思之。战国时代的武士戎马倥偬，征战沙场，但也不能一直保持神经高度紧张的状态，所以他们意识到需要一个能放松逃避的地方。茶汤无疑恰好切切实实地满足了他们的需要。他们暂时退避到以四叠半榻榻米的茶室为象征的宁静的"无意识"的角落里。当他们走出茶室的时候，一定会产生比单纯的争战更具有永恒价值的记忆。

最后，我记述一则一个茶人在与恶棍进行殊死斗争时变成武士的故事。这则故事告诉我们一个真理：不论在从事各种艺术技艺的时候，还是在处理实际问题的时候，只要顺势而行，"无意识"的作用将成为创造奇迹的真理，成为体验禅的悟道的机会，这是完成艺术活动的基础。当一种直觉进入到无意识的神秘深处时，我们自然就对观念的产生方式、采取一系列行动的方式、为适应不断变化的环境而及时调整原则的方式心领神会。显然，这种"无意识"不是单纯的生理学乃至心理学的概念，而是最深层次意义上的创造。

十七世纪末，土佐国的大名山内侯去江户参觐[1]时，想把自己的茶师带去。但茶师不想去。因为他不是武士，而且，江户不像土佐，不适宜自己喜欢安静的性格。自己在土佐有不少知己，有一定名声，如果去江户的话，感觉自己可能会和当地的无赖发生纠纷，那样不仅对自己，也关系到主人的面子。那么，此行风险甚大，他毫无服从之意。

　　然而，主人三番五次地劝说，根本不听茶师的意见。其实，这个茶师是茶道界的佼佼者，大概主人别有用心，想在大名之间炫耀一番。主人的恳切希望其实就是命令，难以违抗。于是茶师脱下茶人服装，身携长刀、短刀，打扮成武士模样，随同前往。

　　到江户以后，他大多时候把自己关在主人的公馆里。一天，主人允许他到外面去看看。他一身武士打扮，来到上野的不忍池畔，看见一个穿着怪异的武士坐在石头上休息。他对这个武士的模样看不顺眼，也无法回避，就继续往前走。那个武士很有礼貌地招呼他："在下一眼就看出足下乃土佐武士，想一试高低，见识高手，不胜荣幸。"

1　即参觐轮换制，日本江户时代一种制度，幕府为管理大名，要求各藩的大名前往江户替幕府执行政务一段时间，然后返回自己领地。

土佐的茶师跟随主人来到江户，从一开始最担心的就是遇上这种意外的事，今天果然碰上这个居心不良的浪人武士。他不知如何是好，但还是老老实实地回答说：

"我虽然身穿这套衣服，但其实我并非真正的武士。我的职业是表演茶汤，至于刀技，肯定不是阁下的对手。"

但是，其实这个浪人武士早就看穿对方的弱点，他的叵测用心是想找个冤大头敲诈点钱，所以步步紧逼上来。

茶师知道今天无法逃脱这个浪人的魔爪，决心刀下赴死。但是，他不想不体面地死去，这样有辱藩主的名声。忽然间他想起刚才在上野附近从一家"剑道指南"的道场前面走过，于是想去那里咨询一下这种情况下如何正确使用刀法以及如何慷慨勇敢地面对死亡。于是他对浪人说道：

"您既然如此强烈要求，那就比试武道之功夫吧。不过，我现在是奉主人之命出来办事的，所以要先回去复命。然后再回来和阁下比武，所以需要给我一些时间，请予以理解。"

浪人同意了。于是茶师急急忙忙来到那家"剑道指南"的道场，要求紧急拜会剑道先生。门人见他没有介绍信，虽然听了他的请求，但还是有点犹豫，不过从他的言行举止中能感觉出他请求的紧迫严重性，于是决定让他会见主人。

剑道先生静静地听完茶师对来龙去脉的叙述，尤其听到他认真地希望像武士那样赴死的请求，便说道："到我这个地方来的人都是请教刀法，而不是请教死法。您是一个特殊的例外。不过，在我把死法教给您之前，您既然是茶人，能否先给我沏一道茶？"对于土佐茶师来说，这恐怕是今生最后一次尽心尽意地践行茶事的机会了。可以说能够给这家主人沏茶是他求之不得的。剑士聚精会神地凝视着茶汤流程的一招一式。茶师已经把悲剧即将临头的事情忘到九霄云外，凝心静气地准备茶具，有条不紊地按照程序圆满完成，仿佛这才是在天底下与自己最利害攸关的一件大事。剑士对茶人尽扫俗人意识的表层干扰而聚精会神的心境深为钦佩。他一拍膝盖，衷心地表示同感。

"诚然，足下无需学习赴死的方法，以您刚才的心境就足以与任何剑士对决。见到那个蛮不讲理的浪人后，您就这么办。首先，怀着给客人沏茶的心态，诚恳地对他说，来晚了，表示歉意，现在一决胜负的准备都已经完成。然后您脱下和服外褂，一丝不苟地折叠起来，就像您刚才准备茶事时候那样，再把扇子放在折叠好的衣服上面。接着，额缠头巾，系上衣带，脱下裙裤，做好立即开始决斗的准备。然后，拔刀，高举至头顶，随时准备击倒对方，闭眼，屏息凝神以蓄势待发。这时，听见对手的叫喊声时，就将手中的刀砍过去，估计胜负立见分晓。"

茶人深谢主人的教导，回到约定的地点。

他将剑士的教导铭记在心，采取给客人沏茶的心态。当他面对浪人将刀高举至头顶的时候，浪人觉得站在自己面前的完全是另外一个人，使得他无法大喊一声发动进攻。因为他不知道该从何处如何出手。这个茶人以"无畏"即"无意识"的体现者出现在他面前。浪人不仅不敢逼近茶人，而是步步后退，最后叫道"认输了！认输了！"接着把手中的刀一扔，跪伏在地，求饶道"无礼至极，尚请宽恕"，爬起来急急忙忙落荒而逃。

这则故事是否有案可查，我无法证实。我只是在此强调，作为上述故事以及性质相类似事情的基本点的普遍性信念是：熟练掌握一门技艺所必须的任何实际技术或方法论的深层底部都存在着直接通往自己的所谓"宇宙无意识"的某种直觉，不能把属于各种艺术的这些直觉视为毫无关联、相互独立的东西，而应该视为从同一个根本性直觉中生成的东西。事实上，日本人一般坚信：剑士、茶人以及其他各种艺道的匠师们具有的各种专业直觉，总的来说，都不过是在一个大体验中各自尝试的特殊应用。虽然日本人尚未深刻分析这个信念，赋予其科学基础，但承认运用这个根本性体验，可以对存在于一切创造力、艺术冲动的根源，尤其是超越生死之海的一切无常形态中的"实在"的"无意识"本身进行透彻的洞察。禅师的终极目的是从佛法的空以及般若（智慧）的学说中获得自己的哲学，以生命，即"无生死之生死"这个说法来阐释"无意识"。对于禅师来说，最终的直觉就是超越生死，就是到达无畏的境界。他们的"悟道"如果修行成熟到这种程度，就可以创造出各种奇迹。因为在这个时候，"无意识"允许其武士弟子们、各种艺道的匠师们瞥见"无意识"的无限可能性。

第七章 禅与俳句

——俳句的诗歌灵感基础里的禅的直觉

离开佛教，就无法谈论日本文化。因为我们认识到，日本文化发展的任何阶段都与佛教有关。事实上，日本文化的所有领域都受到了佛教影响的洗礼，这种影响不知不觉间完全渗透到生活于其间的我们的全部活动，以至于我们几乎意识不到。佛教在六世纪通过官方渠道传播到我国，在日本文化史上一直是促进性的组成力量。可以说，佛教传播到日本这个事实本身，完全按照当时统治阶级的愿望，将佛教变成促进文化发展和实现政治统一的因素。

佛教最后迅速而且必然地和国家合为一体。从纯粹的宗教观点来看，这样的同化对于精神的佛教的健全发展是否真的有需要令人怀疑，但历史事实是，佛教和历代幕府政权完全融在一起，协助幕府推行实施其各方面的政策。而且，日本文化的源头一般都掌握在上层统治阶级手里，因此佛教自然带有贵族主义的性质。

如果想知道佛教在多大程度上已经渗透到日本人的历史和生活中，最好的办法就是设想一下所有的寺院及其所收藏的一切珍宝遭受毁坏的景象。那时候，即便日本有多么得天独厚的自然风景和民风淳朴的人民，也给人一种荒凉贫乏的感觉。没有了家具、绘画、隔扇、雕刻、织锦、庭苑、插花、能乐、茶汤等，所有的东西都荡然无遗，如同无人居住的房子。

若要阐述禅及其对日本文化的各种影响，或者说，只要论述二者关系，就有必要多少了解禅宗与日本普遍存在的其他佛教各宗的不同之处。

简而言之，禅的哲学属于大乘佛教，但禅具有体验其哲学的一种特殊方法。这就是直接洞察我们自身的存在，即实在本身的秘密。这种方法无需依照佛陀的语言和文字上的教诲，无需依照相信更高的存在或者实践戒律的修行方式，只要通过某种无需媒介的内在体验就能获得。这是诉诸直观性理解的方法，日语所谓的"悟"这种体验就由此产生。没有悟就没有禅。禅与悟是同义。"悟"这种体验的重要性，现在被视为禅的独特性。

悟的原则是不依靠概念而直达事物的真理。概念有助于定义真理，但无助于我们亲身认识真理。概念知识在某一点上可以让我们变得聪明，但不过是表面现象。它不是鲜活的真理。因此，它没有创造性，不过是单纯的无用之物的堆积。如果真的存在所谓东方式的认识论，那可以说禅在这一点上已经最全面地反映其精神本质。

有人说，西方人的心理是有序的，即具有逻辑性，而东方人的心理是直观的，这句话具有真实性。直观心理固然也有弱点，但其最强大的一点就是在处理生活中最根本的事情，即有关宗教、艺术、形而上学的事情时，能明确发挥出作用来。这个事实说明，奠定悟的意义的正是禅。一般地说，对生以及事物的终极真理应该不是概念性地，而是直觉地加以把握。这种直觉性的知识不仅是哲学也是其他一切文化生活的基础的观念，这正是禅宗对培育日本人的艺术修养所作出的贡献。

这就奠定了禅与日本艺术概念之间的精神关系。不论对艺术如何定义，艺术都发自对生的意义的体味，也可以说是生的神秘已经深入到艺术结构里。因此，当艺术以极其深邃而富有创造性的态度表现它们神秘的时候，就会潜入到我们的内心深处激荡起情感。艺术在这时候就是鬼斧神工。不论是绘画、音乐、雕刻、诗歌，最伟大的艺术品无疑都具有这样的特征，都与神性相近。观察那些真正的艺术家——至少是创作活动进入高峰期的艺术家，就会发现，他们在那个瞬间变成了造物主的代理人。如果使用禅的语言来表达艺术家生活中的高潮瞬间，那就是悟的体验。从心理学的角度来说，悟就是对"无意识"的意识。

因此，通过普通的教学法和研究学问的方法无法获得悟的体验，它需要用超越理性分析的神秘技术来揭示神秘存在。生充满神秘，任何有神秘感的地方都有禅。这在艺术家之间被称为"神韵"或"气韵"（精神性韵味），掌握这个可以说就是获得了悟。

悟拒绝将自己纳入任何逻辑范畴，要获得悟，需要一种特殊的方法。获得概念的知识，有其技法，即渐进法，依照这个方法，人一步一步地前进。但是，这个方法无法到达事物的神秘境界。而抵达不到神秘境界，就成不了任何师匠、艺术家。任何艺术，都存在有神秘性、精神性韵味，以及日本人所谓的"妙"。这就是之前我已经讲过的，禅与所有领域的艺术密切相关这一点。真正的艺术家和禅师一样，都是知道掌握事物之妙的方法的人。

"妙"在日本文学里有时被称为"幽玄"。一位评论家这样解释：一切伟大的艺术作品都在其中表现出幽玄，这是我们在变化世界里对永恒事物的一瞥，或者是对现实的秘密的洞察。就是说，在悟突然闪现的地方，就能迸发出创造力，吸纳妙与幽玄，各个领域的艺术就可以表现自我。

悟带有一种特殊的佛教性特色，但这自然是用来洞察生之神秘，同时也洞察与事物的现实相关的佛教真理。如果用艺术表现悟，就是瞥见精神或神性韵律发动之处的妙，或者展示神秘性东西时不可测的存在，即创造出富有幽玄的作品。禅就是这样对日本人在所有艺术领域接触、理解神秘的创造本能的存在给予了极大的帮助。

这种神秘的事物，无法通过理性分析或者将其体系化予以捕捉、让其启动，因此，可以得出这样的结论：悟是神德的行为，只有艺术天才才能独占。然而，禅为了把悟普及到一般人的心理范围，努力寻求予以实现的独特方法。这是禅区别于佛教其他宗派之处。但是，这个方法，就普通意义而言，实际上很难说就是一种方法。这是一种可怕的残酷方法。这么一说，大家其实可能也预想得到，完全是一种非科学的野蛮方法。其要点就是我在第一章引用宋代禅僧五祖法演以学习夜盗之术做比喻阐述禅的方法。另外，它也是狮子训练其子的方法。据说幼狮生下两三天后，母狮会将它从悬崖上扔下去，然后观察它是否具有自己爬上来的自信和勇气。如果它爬不上来，就失去了作为狮子的资格，母狮子对它不屑一顾。从某种意义上说，天才就是天生的，并非刻意创造出来的。作为教育者的义务，为了培养造就学生所具有的最宝贵的才华，应该为他创造一切机会，这才能真正塑造其人格价值。禅的方法事实上是危险的，但只有冒险才能得到自己所追求的东西。

宝藏院流的人们使用一种枪。这个流派的创始人是法相宗宝藏院的和尚[1]。这种枪枪头的中部伸出一个月牙形的装饰。为什么要加上这个看似多余的东西呢？这个构思如何获得的呢？这个和尚有个习惯，每天晚上都在院子里舞枪健身。这个时候，他最关心的不是如何提高枪术，因为他已经是此道高手。他的心情是想实现自己和枪、人和武器、主体和客体、行动者和行动、思想和行为的完全统一。这种人与物合为一体称为"三昧"，这才是这个僧侣——枪术家——日夜磨炼的真正目的。在他严酷苦练的日子里，一天晚上，他忽然看见在池里闪耀光芒的枪尖与水里的新月倒影相映交辉，他顿时获得感悟，突破了自己的二元意识。据说，经历过这次体验以后，他就在枪头上设计出月牙形的装饰。然而，我们需要指出的是，这是他自觉的事实，而不是创意。

这个宝藏院和尚的体验使我想起佛陀的体验。他的顿悟是在仰望晨星时灵光闪现的。他多年沉迷于冥想，但知识

---

1 宝藏院流枪术是日本古武道中著名的枪术流派，由奈良兴福寺的学问僧胤荣（1521—1607）创立，为十文字枪枪术。原文为华严宗，有学者认为此处应为法相宗。

的追求没有给予他任何精神上的满足，所以他满腔热忱地试图发现更深层地触及自己人格深处的某种东西。当仰望拂晓星空的那一刹那，他立即意识到所孜孜探求的自我内心的某种东西，于是便成为佛陀（觉者）。

宝藏院的那个和尚是精通枪法的"名人"。所谓名人，就是其技高于行家，已经超越娴熟的最高境界的人。他是创造性的天才。不论从事什么技艺，他都能显示出富有独创精神的个性。这样的人在日语里称为"名人"。没有天生的名人，人都是经历过无比艰难困苦的磨炼后才成为名人。如此经过经验的不断积累才能通往艺术的神秘深处，即生的源泉的直觉。

加贺千代女[1]想提高俳句水平，便去拜访恰好到她所住的町里来的俳句宗匠。宗匠让她题咏，出的题目也是非常寻常的《杜鹃》。杜鹃鸟是日本歌人、俳人非常喜欢的题材，其特点是边飞边叫，所以诗人们在听到鸟叫后，再循声寻找往往难觅。有一首和歌这样吟咏杜鹃：

1　加贺千代女（1703—1775），江户时代的女俳人。

歌川国芳所绘的加贺千代女的形象

循声难觅杜鹃影，

晓天残月映清辉。[1]

　　千代依题吟咏几首，但都被宗匠贬斥为"概念性，缺少实际感受"。她不知如何是好，或者说不知道如何更加纯粹地表现自己。这天夜里，她通宵未眠，反复思考，曙光悄悄地透进隔扇，都没有察觉出来。就在此时，脑子里豁然涌出这样一句：

　　　　声声念杜鹃，

　　　　不觉曙光透。

　　她把这首俳句拿给宗匠看，宗匠说这是他所看到的吟咏杜鹃的佳句之一。正如"无意识"与禅联系在一起一样，"无意识"似乎也和艺术作品联系在一起。这正是禅对日本文化的巨大影响。

　　唐朝杰出的禅师临济曾在其师黄檗门下三年，却在禅

1　平安时代末期后德大寺左大臣（1139—1191）的和歌，收于《千载集》。

的研究上一无所获。这当然不是他懒怠学习，也不是不够敬业，其实他全身心都投入到研究禅的终极意义上，此事也得到黄檗门下的首席高足睦州的认可。睦州向其师黄檗极力推荐临济，说："这个年轻的真理探求者前来请教的话，请一定特别关照。"接着，他又去找临济，说："你去师父黄檗那儿，向他请教。"但是，临济问道：

"我问什么好呢？"

临济的这个反问没有他意。但只要对禅多少有点了解，多少具有宗教信仰心理的人马上就知道临济此时走进精神的死胡同的心境。就是说，他目前是前程堵塞、无法前行，身后桥又被烧毁的进退维谷的处境。但是，这并不是说他心灵空虚或处于绝望的状态，他心里有一种东西不断地推他前进，推他跳入深渊，敦促他斩断最后一缕虽然细弱却还维系着自己的羁绊。他不知道这是什么。所以他发问："我问什么好呢？"……这一问，成为禅的历史上最有意义的发问。

首席高足睦州是临济心心相印的朋友，说道："哎呀，你去和尚那里，就问何为佛法之大意（佛法的终究意义是什么）。怎么样？"

这句话指引临济确定了内心的方向。

于是，在朋友的劝导下，临济就去拜见黄檗。

问道："何为佛法之大意？"

还没等他说完，就遭到黄檗的一顿痛斥。当然，临济不明就里。就去和睦州商量，睦州劝他再去，再问同样的问题。临济听从朋友的劝告，又去师父那里，结果还是和上一次一样，无情之极，毫不留情。临济灰心失望，他现在更是被逼进了死胡同。睦州又逼着他再去师父那儿，临济也只好唯唯诺诺地第三次拜见和尚。但是，和尚依然没有任何慈悲之相，还是一脸冰冷的态度。睦州心想临济已经到了一个新的转折点，便请求黄檗让临济去别的和尚那里。黄檗说："去大愚那里吧。"临济到了大愚那里，终于充分认识到黄檗对自己的"老婆心切"[1]，达到顿悟的境界。临济在顿悟的刹那，高声说道："所谓黄檗的佛法，也不过如此。"（《临济录》）

就佛教的概念性知识而言，临济并不比当时的任何学者逊色，但是他没有获得最后的满足。他真心诚意地追求最终的、积极的佛理，要亲自获得这个真理。临济十分清楚，外面附加的东西绝不是他本人的，附加物纯粹就是负

1　禅门对于禅师过度迫切、关切的教导，被称为"老婆心切"。

担，如果这样的负担不断增加，那么自己就得不到独立和自由。在黄檗门下三年的苦思冥想绝不是浪费光阴，看似徒劳无益的暗中摸索，其实在睦州、黄檗、大愚充满深厚友情的指导下，终于结出丰硕的果实。这样，临济在得以深入洞察的"无意识"境界，最终得出"佛法也不过如此"的悟道。为什么这么说呢？因为"无意识"不是储存知识的宝库，而是永不干涸的生的源泉。知识不是被储存在这里的，恰如一棵大树是从一粒小种子生长起来的一样，这里是知识的生长之地。

综上所述，禅对开悟进行的技术上的心理解释，实质上就是"人的极限就是神机"。用东方的说法，就是把基础置于"穷则通"这个真理上。伟大的行为都是人努力抛弃以自我为中心的意识，在"无意识"的状态下成就的。每个人的内心都隐藏着神秘的力量。唤醒这种力量，显示其创造力，这就是参禅的目的。

人们常说，人在"发疯"的时候会成就伟大的事业。这句话的意思是说，人在正常的意识层面时，其思想和观念都是有序地构成的，并受到道德的统一规范。所以，我们都是普普通通的、传统的、平平凡凡的俗人。就是说，我们原本都是无害的市民，是合法行为集团中的一员，这一点是值得称赞的。然而，这样的灵魂缺少创造性，没有任何从走习惯的老路上偏离出去的冲动，绝不会打破谦恭和不犯罪这条平庸的底线。任何时候都没有错。如果偏离日常习惯的旧路，就会被人视为危险人物。这样的人，肯定想方设法不让自己离开日常轨道。我们很了解这样的人。他是备受大家期待的人物。他如几何学中的数学，其所有的含义都能看见、能计量、能说明。但伟大的灵魂与此截然不同，不能受到众人的期待，因为他是"疯子"。你想见他时，却不能阻止他留下来。他总是在追求比自己更高大的精神。这所谓高大的精神，在他诚实真挚而且严肃认真地面对自己的时候，总是把他推向更高的意识层次，总是让他在更开阔的视野展望事物。这样的人如果知道自己真实所在的地方，知道自己在这儿而且还不得不在这儿，他为了创造、实现附在自己身上的幻影，就会变成"疯子"。所有伟大的艺术，都是这样创造出来的。艺术家是创作家，他们的心不像我们这样只在常规低俗的层面，而是在更高层次上活动。在更深的灵感源头钻开一个点火口，这就是禅的特殊方法所要实现的目的。

《圣经》说："敲门，门就会为你打开。"人们大概都没明白"敲"的意思。一般都认为用拳头轻轻叩门。然而，从精神上说，这里的"敲"不是普通的"敲"，而是用构成自己存在的肉体的、理性的、道德的、精神的全部力气猛击创造自我之门。当人的全部存在竭尽全力、拼却最后一点力气猛烈撞击创造之门时，才会第一次产生一种冲击，冲进不可思议的领域。禅的修行可以获得这样的体验。因此，禅与艺术共同仰慕其生命力的源泉，即"无意识"，它就是一种存在于不可思议的领域之内的东西。

对"无意识"的形而上学的分析，大概会把我们领进哲学家所谓的同一性的理论里。其实我们之前需要很多说明与限定，不过，只要观点仅限于个人意识，我们甚至都无法抵达所谓的"集体性无意识"。至于名为"普遍意识"或者"宇宙无意识"的这些东西，如果不超越对人的意识进行分析研究的各门科学所树立的一切界限，就绝无实现的可能。"宇宙无意识"的观念总觉得有过于抽象的倾向性，但是，人的各种宗教直觉都偏向于这个形而上学的假设，并以此解开了许多重要的问题。例如，同感想象的可能性、华严哲学主张的圆融无碍说、深入别人内心深处的感情移入理论等，都是接触到"宇宙无意识"后才开始得到根本的阐释。

禅教给日本人许多东西，其中与艺术、生活的关系尤其引人注目，上面已经有所揭示，就是强调悟的体验，通过这种体验，"宇宙无意识"表现出具象化形态。

我在前面说过，悟就是"疯狂"，即超越平常的理性层次，悟是某种异常。但悟还有另外的一面，那就是在平常中发现异常，在平凡的事物中感知神秘，把握一口气领会整体创造的意义这一点，采一株草叶变为丈六金身佛。这时，禅变得极其平常，极其陈旧，如绵羊一样柔顺，浸泡在泥水里，沉浮于世俗中，与世间普通的人毫无二致。

　　从前有一个禅僧，对师父不满意，觉得师父没有给予他特别的教导，自己却又很想更深地理解禅，于是离开师父，到别人那里想学到更多的东西。但是，他在其他几个师父之间转来转去的时候，知道大家都说原来那个师父是一流的禅师，擅自离去这件事也受到同门的痛斥。于是，他在经过几座寺院的体验后，又回到原先的师父那里。师父问道："怎么又回来了？"他急切地表白自己的心情，恳求师父让年轻幼稚的自己接触禅的秘密。师父说道："禅无秘密，一切都是公开的，一切都是作为整体给予我们的。你在这里的时候和你今天回来的时候，你都有完全相同的东西。你没有删去任何东西。那你还想要什么？"

　　弟子不明白师父的话，再次求教。师父说道：

　　　　早晨起来，你到我这里，问声早安。我也回

答问安。早饭时，你把粥给我端来。我喝粥，表示感谢。做法会佛事时，你给我端来饭菜，我愉快地进食。就寝时，你又来道晚安，我也回礼道声晚安。从早上开始，我和你每次见面都是你向我学禅的机会。你还想知道什么更多的禅的秘密呢？如果有秘密的话，那秘密在你那儿，不在我这儿。

——《传灯录》

可见，禅的世界与混杂五感、常识、陈旧的道德论、逻辑性议论的普通世界没有什么两样。只是禅具有形成这些基础的原理或者真理这样的直觉。用"原理"或者"真理"这两个词来表达我想说的意思并不恰当。但是，无论如何，禅和我们面对同样的宇宙，同样的自然，同样的对象，对同样的特殊存在感兴趣。青蛙跳入水中、蜗牛睡在芭蕉的绿叶上、蝴蝶在花丛中翩翩飞舞、月影映照水中、百合盛开原野、骤雨敲打茅草屋顶……禅对四季变化的大自然的点点滴滴都如此深切关心。当这样的直觉表现在俳句这样的诗歌形式里的时候，就给予我们世界文学史上未曾有过的完全独特的感受。

俳句的外在形式，大概大家都知道，所以我这里只是稍微解释其内在含义，以此阐明俳句的诗性和哲学存在于何处。

也许有人觉得不可理解，如此短小的文字组合，是如何将那些打动诗人的崇高思想感情表现出来的呢？俳句的确会描写加贺千代女的吟牵牛花、芭蕉[1]的吟古池这样的平凡细小的感情，但俳句是如何表现诗人的创作冲动的呢？是如何成为对永恒的、超自然的、神秘的事物的感情迸发口的呢？更进而言之，日语具有足以表现伟大思想和深邃情感的丰饶性吗？这个问题偏离了本题，在这里不加议论，但是，要理解俳句，的确可以说，必须了解与欧美人的心灵形成鲜明对照的日本人的心灵特性。日本人心灵的长处在于不对事物进行逻辑性、哲学性的推理，即不是为了建设一个伟大的思想体系而排列思想。关于这一点，可以举出日本人不习惯抽象化、他们的知识历史显示不出所谓思考的深刻性的例子加以说明。日本人心灵的强项在于直觉性地把握最深刻的真理，借助于表象以各种形式在现实中表现出来。为达到这个目的，俳句是最理想的手段。在日语之外的别的语种中，俳

1　芭蕉，指俳人松尾芭蕉。

句无法如此发达。因此，要了解日本人就意味着要理解俳句，而理解俳句就是接触到与禅宗的"悟"相同的体验。

在上述预备性知识的基础上，下面来谈谈俳句如何打动千代、芭蕉、芜村[1]等俳人的感情，禅与俳句的接触点在哪里，以及禅、艺术、生活如何交织在日本的文化里。

古池呀，

青蛙跳入水声响。[2]

可以说，这首俳句是芭蕉在十七世纪日本俳句界发出的第一声革新的号角。他之前的俳句只是单纯的娱乐，没有深意，是一种文字游戏。芭蕉以这首"古池"的俳句开辟出新的起点。关于创作这首俳句的动机，流传着这样的故事。

芭蕉还在师从佛顶和尚参禅的时候，有一天，和尚到他那儿去，问道：

"近日作么生？"（最近如何度日？）

——————————————

1　即与谢芜村（1716—1783），江户时代中期的俳人、画家。与松尾芭蕉、小林一茶齐名。俳画的创始者。

2　这首俳句为林林译。

184

与谢芜村《紫阳花子规图》

芭蕉答道：

"雨过青苔湿。"

佛顶和尚进而问道：

"青苔未生之时佛法如何？"

芭蕉答道：

"青蛙跳入水声响。"

佛顶想知道芭蕉对禅机了解的深度，于是发出第二问："青苔未生之时佛法如何？"这与基督的"亚伯拉罕出生之前，我就存在了"（《约翰福音》第八章第五十八节）如出一辙。禅师在这里想知道这个"我"是谁。基督教徒只要主张"我是"（I am）就足够了。可是在禅里面，有问就必须有答。这就是禅直观的真髓。所以佛顶问"世界存在之前有什么"，这就是问"神说'要有光'之前，神在何处"。佛顶禅师根本就没说"下雨长青苔"等这样的话。禅师想知道的是万物创造之前的宇宙景象。没有时间的时间是什么时候？这不过是空的概念吗？如果不是空的概念，我们肯定会对别人说些什么。芭蕉的回答是"青蛙跳入水声响"。

芭蕉当时的回答没有"古池"，后来写成十七个日文音节的俳句时才加上"古池"的初句。大家也许会问：这一句在什么地方显示出近代俳句的革新启示？构成这一句背景的其实就是芭蕉对生命本身性质的洞察。他对世间万物的深度看得十分透彻，他把看到的东西通过描写"古池"这首俳句表现出来。

为了让倾向散文的近代人理解芭蕉，我再作一点深入浅出的说明。许多人认为这首俳句是描写寂寥或者闲寂的意境，这样比较容易理解。这样的话，他们就可以沿着以下的方向想象下去：古池往往在翁郁树林包围的古刹里，池子周边延伸覆盖着灌木的绿叶、竹子的翠枝。这样宁静的环境里，池面平静如镜，更增添静寂的气氛。当这个静寂被跳进去的青蛙打破时，打破本身反而增加了笼罩四周的静寂的高度。水声的回响让人意识到整个环境的幽静。然而，只有其精神与真正的世界精神一致的人才会唤起这样的意识。赋予这样的直观或者灵感以声音的芭蕉，必须是一个真正伟大的俳人。于是，单纯把禅视为闲寂之道的评论家们从这一点上把俳句与禅联系在一起。

然而，我认为，把禅理解为寂静主义（17 世纪天主教内部的神秘主义运动）的福音是完全不得其要领的，把芭蕉的俳句理解为闲寂之味也完全不得要领，这里就犯有双重错误。我在其他地方已经阐述过有关禅的浅见，所以只论述对芭蕉俳句的正确解释的问题。

俳句原本只反映直观的表象，不表现思想。这一点首先要知道。这些表象不是诗人在脑子里制作出来的修辞表现，而是直指本源的直观方向。不，实际上就是直观本身。只要获得直观，表象就变得透明，立即就具有作为体验表现的意义。直观过于内向、个人、直接，无法传递给他人。于是，直观追求表象，并以此为手段传递给他人。但是，没有这种体验的人，单纯地通过表象试图推导出其体验和事实是非常困难的，几乎不可能。因为这个时候，表象改变形状，成为观念或概念，而人心，正如那些评论家给芭蕉的俳句做出结论一样，总会想对此加以理性的解释。这样的想法恐怕只能完全毁灭俳句所蕴含的内在的真与美。

只要我们的心还在意识表面活动，就离不开推理。就会把古池理解为孤独和闲寂的表象，认为跳入水中的青蛙以及此后发生的一切都是突出并增强四周的一般的永久性和静寂感的手段。然而，这样一来，诗人芭蕉就不会像如今活着的我们一样活在那里了。他穿透意识的外壳，已经进入最深层，进入不可思议的领域，进入超越科学家所考虑的所谓无意识的"无意识"里。芭蕉的古池横亘具有"无时间的时间"的永恒彼岸。没有比它更"古老"的"古老"。无论多大规模的意识都无法测量它。它是万物生长之源，是这个差别世界的根源，但是它本身没有表现出任何差别。当超越"下雨""生青苔"的世界时，我们就可以到达这种"无意识"。但是，当我们理性思考的时候，它就成为一个观念，成为差别世界之外的另一个存在，也成为理性的对象。只能通过直觉才能真正把握无意识界中的永恒性。当我们认为空的世界在日常五感的世界以外时，就不可能进行实在的直觉把握。感觉与超感觉的两个世界不是各自独立存在，而是同一个世界。因此，诗人洞察他的"无意识"，不在于古池的静寂，而在于青蛙跳入水中的杂音。诗人听见的是这个声音。如果没有这个声音，芭蕉就不可能洞察"无意识"——这个创作活动的源泉、所有的艺术家渴求灵感的"无意识"。

与极化作用的停止相比，叙述极化作用开始的意识瞬间更加困难。因为如果将这些充满矛盾的语言应用于那里，注定会发生逻辑上的不合适。实际上，具有这种体验的要么是诗人，要么是宗教的天才。按照他们处理体验的不同方法，有时候成为芭蕉的俳句，有时候成为禅语。

可以认为，人心由几层意识——从二元结构的意识到无意识——组成。第一层是人心进行一般性活动的地方，在这里一切都是二元结构，极化作用是这一层的原则。下一层是半意识面，在这里储藏的事物在必要的时候随时进入意识表层。这是记忆层。第三层是心理学家一般定义的无意识层。已经丧失的记忆贮藏在这里。平时说心力异常亢奋的时候，这个层面就被唤醒，埋藏在这里的记忆——谁也不知道埋藏多少时间、无始劫以来的——就会发生绝望或偶然的悲惨破灭，并进入意识表层。然而，无意识层还不是最后的精神层，在更深的地方还有构成我们人格基础的其他层，称为"集体无意识"或"普通无意识"层。这一层有点相当于佛教的阿赖耶识（ālaya-vijñāna）的思想，即"藏识""无没识"。这个"藏识"，即"无意识"无法通过实验证明其存在，但之所以这么规定，是为了方便论述意识的一般性事实时的需要。

从心理学的角度来看，可以把阿赖耶识，即"集体无意识"视为我们心灵生活的基础。当我们为了把握艺术或宗教生活的神秘而希望到达其实在本身时，就必须具有成为"宇宙无意识"的东西。"宇宙无意识"是创造性的原理，是神的操作场，那里储藏着宇宙的原动力。所有的艺术品、宗教人的生活和进取心、激发哲学家研究的热情，这一切的一切都来自具有创造能力的"宇宙无意识"这个源泉。

芭蕉直觉到这个"无意识"，并把这个体验在青蛙跳入古池这首俳句中表现出来。若这首俳句只是单纯表现社会生活表面，那么就不是人们所认为的那样对静寂的吟咏，它指的是，此时在这个复杂的世界遇见的、只有接触到宇宙无意识时才能获得的价值和意义，它所指的是比意识表层更深层的某种东西。

所以，日本的俳句不需要冗长、技巧、理性，它事实上回避观念性的构思。如果诉诸观念，对无意识的直接指向或直觉把握都会错乱、损毁、受阻，永久地失去其鲜活感和生命力。俳句的目的是带给别人最适合的、能唤起他们根源性直觉的表象。俳句里储存有经过梳理的许多表象，但是，没有经过充分训练的人，也许对其中所传递的意思完全无法读取。从芭蕉的俳句就可以看出，许多并不知道如何欣赏俳句韵味的人一般除了列举古池、跳水的青蛙、水声这些习以为常的表象外，还能看到什么呢？当然，他们会说不只是这些表象，还有感叹词"啊"以及动词"跳入"等。然而，虽然俳句只有十七个日文音节，却能表达何等深邃的直觉真理啊。这是纵然排列堂堂正正的观念也无法恰当表现的真理。

宗教的直觉通常也可以用语言简洁地表达。这是通俗易懂地阐述精神体验，尤其禅经常以带有诗句形式的语言表达，这一点可以说禅与俳句相近。如果知识性地分析这些通俗易懂的文字，哲学家和神学家都会就这个题目竞相写出许多卷的作品。同样，俳人灵动的诗歌直觉和诗歌向往如果到了创作其他种类诗歌的诗人手里的话，大概会创作出洋洋洒洒的长诗。就原本的灵感而言，芭蕉不比西方任何伟大的诗人逊色。文字的数量与诗人真正的才能毫无关系。诗人运用的手段也许完全是偶发的变化，但我们判断人和事，不是根据偶发性，而是根据构成它们本质的东西。

> 吊桶缠绕牵牛花，
> 要水便向近邻家。

这首俳句的作者是加贺千代女。正如散文性的评论家所说，女诗人看到牵牛花缠绕在吊桶上，也许没必要去近邻家要水。但是在千代女看来，她一大早出来到附近的水井边去汲水，当看到牵牛花时，她肯定这是美的体现。平安朝时代的一个女诗人也以夏日清晨为例，认为这是日本四季中最清爽愉快的一个时刻，实际上也确实如此。为了让夏日早晨的氛围更加新鲜清爽，因此需要这盛开的牵牛花，那只能持续一个早晨的艳丽花色在这里也恰到好处。在清晨看到牵牛花，就是看到美本身——如此新鲜，如此令人陶醉，如此神圣得让人难以靠近，如此充满神秘，这是来自神之手的最初的作品。吟咏牵牛花，为什么这位女诗人仅仅出于与地面生活相关的实用性理由，就伸手触摸它而能心动呢？例如还有：

> 松树千年朽，槿花一日歇。
>
> 毕竟共虚空，何须夸岁月。

这是白居易的诗中一节[1]，实际上，时间的问题与美无关，美是诗情——与人相关。

"宇宙无意识"是价值的宝库。已经创造出来或者正在创造的一切有价值的东西都储藏在这里。只有艺术家才能潜入其深处摘取自我体验的瑰宝。当然，任何人都是某种意义上的艺术家。当千代女看到牵牛花的时候，她内心的某种灵感告诉她：这不被世间认可的美，会化作从所有的价值源泉直接绽放的美，呈现在她眼前。当然，她每年夏天都看到牵牛花，但之前就没有感受到这天上之美。心灵的感动让她

1　出自白居易《赠王山人》。

忘记了出来的目的。按照我的想象，一道美不胜收的景色映入她的眼帘，这是人间所没有的幻象，让她心醉神迷，让她伫立花前片刻。她沉浸在忘我的状态里。当她回过神来的时候，发现自己手里还提着吊桶，于是向邻居借水。她的心理活动沿着不同的轴线进行，这样才能充分地捕捉到天上的幻影，表现出井然清晰的思想倾向。当然，俳句只有十七个音节，不是多行诗。千代女是日本人，生长在祖祖辈辈一直传承下来的文化教养的环境里，理所当然只能以俳句表现自己。因此，俳句成为日本天才们艺术冲动的迸发口，是最自然、最恰当、最具活力的诗歌形式。出于这些原因，所以日本人必须了解俳句的价值。那些外国的评论家，不是出生在日本风土气候的环境里，没有接受日本的文化教养，对俳句的感受方法与日本人不一样，不可能深入到俳句的精神里面。

下面举一首芜村的俳句为例，说明从物质的、道德的、审美的、哲学的视野对日本的环境极具透彻的知识对理解俳句至关重要。芜村也是江户时代末期的优秀画家。

蝴蝶停睡吊钟上。

一提到钟和蝴蝶，日本人的脑子里马上就会浮现出二者的形象，如果不具有这样的知识，就难以理解此句的含义。这一首俳句，从季节来说，显然是初夏。这个季节，蝴蝶翩翩飞舞，成为诗歌吟咏的对象，引人注目。另外，说到蝴蝶，又令人联想到花。寺院里有吊钟，鲜花盛开。这个想象将读者引导到远离城市的山中寺院。禅僧们在寺院里静坐冥想。古树、野花、溪水潺潺……所有的一切都在暗示这里与世无争的世外氛围。

钟楼离地面不太高，钟一目了然，可以近前观看。由坚固的青铜铸造，中空，状似圆筒，颜色朴素浑厚，悬梁垂挂，是不动性的象征。用一根坚硬的圆木（直径4英寸、长6英尺多）撞击它的底部时，钟就会发出水平摇动的、连绵不绝、令人心神安宁的声音。这个"咣咣"的声音完全是日本寺院钟声的特征，人们有时通过钟楼传送过来的回声感受佛法精神的震荡。鸟倦归巢，尤其是回家时刻，更引发感伤的心情。

在这自然的、历史的、精神的建筑物中，一只小小的白蝴蝶停在钟上面睡觉。这个对比立即在人们心中产生各种各样的感动。蝴蝶是短暂的小生物，它的生命只在一个夏季，但是活得无比愉快，在花丛中翩翩飞舞，时常沐浴着温煦的日光。现在，这只蝴蝶停在象征着永恒价值的威严的大钟上心满意足地睡觉。小小的昆虫与巨大威严形成巨大的反差。从颜色来看，纤细、飘舞、优雅的白色小生物在沉郁的暗黑色金属背景下显得更加明晰。从纯粹描写的角度来看，芜村优美地描绘出山寺的初夏风景，诗意盎然。如果不站在更高的层次，就会觉得只是单纯的华丽辞藻。有些人认为，诗人芜村多少怀着游戏的心情，把睡觉的蝴蝶放在吊钟上，不懂雅兴的僧人一敲钟，肯定会把可怜的、天真的小生物惊吓跑的。不管怎么说，对将会发生的事情毫无意识也是人生的特征。我们在火山口上跳舞，却完全不去关注火山会突然喷发，这正如芜村笔下的蝴蝶一样。从这个意义上说，也可以从中读到对人轻佻的生活态度发出的某种道德性的警告。这样的解释也不是不可能。命运的不确定性经常伴随着人们的生活。人们今天试图通过所谓的科学予以回避，但是人的贪婪欲望无法消除，而且往往通过粗暴的方法来达到目的，这就完全推翻了所谓"科学的"计算。就算大自然没有毁灭，我们也会自我毁灭。从这一点来说，人的生活方式比蝴蝶坏得多。人引以为傲的小小的"科学"，让我们意识到周围的各种不确定性，说服我们通过观察、测量、实验、抽象、体系化等方法驱赶这些不确定性。然而，由于存在这个生于"无明",产生出各种其他不定性的巨大"不确定性",让所谓的"科学"预测完全落空。在这个"不确实性"面前,智人[1]也如同睡在寺院吊钟上的蝴蝶。如果芜村看到"游戏",那也是针对我们的。这是一种反思,指出了宗教意识的觉醒。

然而,我认为,芜村的这首俳句还显示他对人生深刻洞察的另一面。我所说的意思是,通过蝶和钟的表象表现出他对"无意识"的直觉。说到芜村所见的蝴蝶的内在生命,蝴蝶没有意识到钟与自己是不一样的存在。事实上,它也没有意识到自己。当蝴蝶在钟上睡觉的时候,这钟仿佛被视为万物的根基,万物把钟当作自己最后的栖身之地,但是难道蝴蝶也和人一样事先就启动这样的辨别吗?当禅僧敲响正午报时的钟,蝴蝶感觉到震动,从钟上飞走,它难道后悔自己的错误判断吗?或者,它会被这"意想不到"的钟声吓得惊慌失措吗?说到这里,难道不觉得我们是以人的智慧过度解读了蝴蝶的内在生命,不,是过度解读了我们自己的内在生命,甚至可以说是对生命本身过度解读了吗?生命与仅独占

1　智人(Homo sapiens),意为"有智慧的人"。生物学上归类为哺乳纲、灵长目、人科、智人种。分为早期智人和晚期智人两个发展阶段。

表面意识的分析真的有关吗？比我们的理性思考和分辨更加深邃博大的生命，即"无意识"本身，也就是我所谓的"宇宙无意识"的生命应该为任何人所有吧？我们意识性的生命只有和"无意识"这个某种根本性的东西相关联时，才会获得真正的意义。所以，通过芜村的蝴蝶所表现的宗教生命的内在性（内在生命）对象征永恒性的钟一无所知，而且对"突如其来"的钟声也完全不会感觉烦恼。蝴蝶在漫山遍野美丽芳香的花丛中悠然飞舞。它飞累了，以具有分别癖的人普遍称之为"蝴蝶"的生命形式轻灵地运动其小巧的身体以后，停下翅膀以获得片刻的休息。钟无精打采地垂吊着，蝴蝶停在上面睡觉，消除疲劳，接着感觉到震动，它既不是在等待震动，也没有不在等待震动。当它真实地感觉震动的时候，和以前一样，没有任何牵挂地飞走了。它毫无"分别"。因此，没有任何担心、烦闷、疑惑、踌躇，它是完全自由的。换句话说，它在营造绝对信仰和无畏的生活。是人的心认为蝴蝶在营造"分别"和"小小的信仰"。芜村的这一句的确包含有无以复加的重要的宗教直觉。

《庄子》中有这样一段话：

　　昔者庄周梦为胡蝶，栩栩然胡蝶也，自喻适

志与！不知周也。俄然觉，则蘧蘧然周也。不知周
之梦为胡蝶与，胡蝶之梦为周与？周与胡蝶，则必
有分矣。此之谓物化。

——《庄子·齐物论》

《庄子》的英译者翟林奈·贾尔斯[1]把"分"与"物化"
分别译为"barrier"和"metempsychosis"。不管这是什么意
思，庄子在他是庄子时，是庄子；蝴蝶在它是蝴蝶时，是蝴
蝶。"barrier"也好，"metempsychosis"也好，是人的语言，
完全不适合于芜村、庄子和蝴蝶的世界。

我们还可以从芭蕉咏蝉的俳句中发现芜村式的直觉。

不知死期将近，

蝉声依然不停。

---

1 翟林奈·贾尔斯（Lionel Giles, 1875—1958），汉学家翟理思（Herbert
   A. Giles）之子，生于中国。1900 年回英国任职于大英博物馆图书馆，
   负责管理东方图书。除《庄子》外，还翻译了《论语》《孟子》《孙子兵
   法》《道德经》等。

许多评论家和注释者都这样理解：人生无常，但没有悟到这一点的人依然沉迷于形形色色的享乐，正如夏日的蝉，声嘶力竭地喧闹鸣叫，以为自己能一直活下去。芭蕉以这个具体易懂的例子给予人们道德上和精神上的训诫。但在我看来，这样的解释完全看不到芭蕉对"无意识"的直觉。原文的头一句的确可以看到人对人生无常的反思。但是，这个反思不过是结句"蝉声"的序言。这首俳句的所有分量都集中在"蝉声"上。"吱吱"的叫声才是蝉表现自己的方式。就是把自己的存在告诉别的蝉，在它鸣叫的时候，蝉表现出对自己、对外界的满足，谁也不能否定这个事实。芭蕉在这里引入无常观，以蝉为例，讥讽临近宿命还依然毫无察觉的人，他讥讽的是人的意识，是人的反思。但就蝉而言，蝉不像人那样有烦恼。天气转寒，自己的生命随时都会终结，但是它并不为此焦虑。啼叫期间就是生存，生存期间就是永久的生命。烦恼无常有何用？也许蝉在嘲笑人的反思，为什么忧愁焦虑未来明天的事情呢？禅肯定把神的训诫告诉我们："你们这些小信的人哪！野地里的草今天还在，明天就丢在炉里，神还给它这样的妆饰，何况你们呢？"（《马太福音》第六章第三十节）

信仰是"无意识"直觉的别名。观音菩萨是"无畏心的施主"。相信观音的人，都被授予信仰和直觉的无畏心。因为俳人都是观音的信徒，具有无畏心，所以不畏惧明天，理解不畏惧明天事情的蝉、蝶的内在生命。

我想我应该大致阐明了悟这个禅的体验，即"无分别"这个禅的体验与"无意识"这个俳人的直觉之间的关联。俳句是日本人的心灵与日语的结合才得以完成的诗歌形式，禅在其发展过程中起到了重要的作用。

前面在茶道那一章谈到"sabi"与"wabi"，这里想稍微阐述其在俳句中的作用。

芭蕉是伟大的漂泊诗人、最热情的大自然爱好者——一位恋慕大自然的诗人。他的一生是在足迹遍及日本的旅途中度过的。幸亏当时没有铁路，因为我觉得现代生活的便利与诗歌背道而驰。现代科学的分析精神总想阐明神秘，但诗歌和俳句在没有神秘性的地方无法繁荣发展。科学的棘手之处在于没有留下暗示的余地，一切都置于光天化日之下，所看到的一切都暴露无遗。在科学占据的地方，想象力会被驱逐出去。

我们都面临所谓世道艰辛的现实，人们的心灵随之逐渐固化。在毫无柔和气氛的地方，诗歌将离去。如同浩瀚的沙漠生长不了绿色的草木。芭蕉那个时代，生活还不是很艰难，还不至于写不出散文来。一笠、一杖、一囊，芭蕉放浪于各地，遇到满意的地方，就住在沿途的茅草屋里，充分享受原始性旅行的所有体验——大概经历过很多原始性旅行的艰辛。如果旅行过于舒适，就会失去其精神的意义。也许这可以说是多愁善感吧，在旅途中产生的某种孤绝感让人反思人生的意义。因为人生总归是从一个未知通往另一个未知的旅程。人们各自得到六十年、七十年或八十年的人生时光，就是为了尽量打开这扇神秘的门扉。时光短暂，但如果过于顺利地度过人生，那就是从我们手里夺走了"永远的孤绝"的意义。

在芭蕉的一篇纪行文的序言中可以看到他对旅行怀着难以抑制的热切期望。

日月乃百代之过客，周而复始之岁月亦为旅人也。浮舟生涯、牵马终老，积日羁旅、漂泊为家。古人多死于旅次，余亦不知自何年何月起，心如轻风飘荡之片云，诱发行旅之情思而不能自已。乃流连于海滨，去秋甫回江上陋屋，扫除积尘蛛网。未久岁暮，新春迭至。每望霭霞弥天，即思翻

越白川关隘¹，心迷于步行神²，痴魔狂乱；情诱于道

祖神³，心慌意乱。乃补缀紧腿裤，新换斗笠带，针

灸足三里⁴，心驰神往于松岛之月⁵。遂将住处让与他

人，移居杉风别墅⁶。

草庵已换主，

女儿节里摆偶人，

欢乐满牖户。

——《奥州小道》

---

1 白川（白河）关，通往奥州的关隘。能因法师吟咏"云霞送蒙京都天，
   秋风吹拂白河关"。

2 原文为"そぞろ神"，一般认为是民间信仰的俗神"步行神"，也有的认
   为是芭蕉为与下文的"道祖神"相对应的造语，是使人心神不定的神或
   诱人出门旅行的神。

3 道祖神，保佑旅人平安的路旁的神。

4 灸此处可健腿。

5 松岛，奥州最著名的风景。在宫城县松岛湾内，由260多个岛屿组成。
   日本三景之一。吟咏松岛赏月的和歌最多。

6 杉风，即杉山元雅，芭蕉门人，在江户日本桥经营鱼行。是芭蕉的经济
   后援者。别墅，指深川六间堀的采茶庵。

芭蕉的先驱者是镰仓时代的西行，他也是个漂泊诗人。他辞去禁卫"北面武士"的公职后，把自己的生活献给了旅行和诗歌。他是一个僧侣。大家肯定看过一幅一身行旅打扮的僧人眺望富士山的绘画吧。我不记得画家是谁，但这幅画暗示着对人生神秘的"孤绝感"的种种思考。然而，这既不是孤独感，也不是沉郁的寂寥感，而是一种"绝对神秘"的味道。当时西行创作了这样一首和歌：

富士喷烟云，

随风散太空。

我思亦渺茫，

不知去何方。

芭蕉不是僧侣，但专心修禅。晚秋时节，旅途上时常遭遇骤雨，大自然就是"永远的孤绝"的体现。树叶落尽，树干裸露，山脉开始呈现出严酷的外表，河水明澈清澄。尤其在倦鸟归巢的时候，孤独的旅人对人生宿命的感受分外沉重。他的心情与大自然的形态相向而动。芭蕉吟咏道：

初冬寒雨第一阵，

诚盼唤我为"旅人"。

人未必都是禁欲主义者，但可以说任何人都憧憬着超越自己所体验的相对世界的、另一个世界的永恒。因为在那个世界里，灵魂可以安静地思考自己的命运。

寒鸦秋暮泊枯枝。

形式的单纯未必意味着内容的琐碎。栖止在枯枝上的寂寞乌鸦就具有很大的"超越"。万物来自未知的神秘深渊。人通过其中的一个物，可以窥见深渊。为了给窥见深渊后被唤醒的感情安装一个迸发口，其实用不着创作几百行的壮丽诗篇。人的感情达到最高潮的时候，往往是沉默的。因为任何言语都不合适，甚至十七个音节都嫌多。多少受到禅的影响的日本艺术家为了表达自己的感情，总具有使用最少的言语和笔触的倾向。当把感情毫无保留地表白出来的时候，就没有了暗示的余地。暗示力是日本艺术的秘诀。

也有比较极端的画家，不管别人对自己的画如何评价，这一概不重要，反而觉得越是被误解越好。他们说，其笔触和主要块面可以代表大自然的任何东西，可以代表鸟、山、人、花，也可以不代表，对自己来说，代表不代表根本无所谓。这的确是极端的见解。如果他们笔下的线、块、点被别人做出完全不同的理解，甚至做出与画家的初衷截然相反的判断，这样绘画的尝试又有什么作用呢？也许画家对这一点会这样解释："只要别人完整地认识、欣赏自己创作时贯穿其中的总体精神，这就行了。"从中显然可以看出，东亚的画家对外形漫不关心。我认为他们想把强烈打动自己内心的情感通过作品表现出来，但是应该如何明确无误地表现自己的内心感受，他们似乎不知道利用什么方法。于是要不长叹一声，要不就是随手走笔。这也许不是艺术。因为这样的行为里不存在艺术。即使有艺术，也是极原始的东西。事实真是如此的吗？我们即使在意味着人工性的"文明"上不断进步，但也总是努力追求"无技巧"。因为"无技巧"是一切技巧努力的最终目标和基础。有多少艺术是隐藏在日本艺术的外在形式无技巧的背后！充满着含义和暗示力，而且是完美的无技巧……只有这样表现"永远的孤绝"的时候，才是得到了水墨画和俳句的真髓。

按芭蕉的说法，这里指出的"永远的孤绝"精神就是"风雅"精神。风雅的一般性含意是"生活的洗练"，但这不是提高生活标准这个现代性的意思。而是对生活和自然的纯洁的享乐，对"sabi"与"wabi"的憧憬，并非对物质抚慰和感觉主义的追求。风雅精神从自我与自然创造性、艺术精神融为一体的地方产生。因此，风雅人总是与花和鸟、岩和水、雨和月为友。我下面引用芭蕉日记前言中的一段话，从中可以看出，在热爱大自然这一点上，他把自己归类于西行、宗祇[1]、雪舟、利休等艺术家群体，都是"风罗坊"[2]（狂热者）。

> 百骸九窍之中有物，且名之曰风罗坊。此身诚如经风易破薄衣之谓也。彼久好狂句[3]，终为一生之事。时而厌倦，欲弃之不顾，时而勤勉，欲胜人一筹。是故动摇徘徊，烦乱不安。亦曾立志腾达成名，却因狂歌而无成；亦曾潜心修禅悟道，却因狂歌而破灭，终于如此无能无艺[4]，惟系狂歌一道。

---

1 宗祇，室町时代末期的连歌师。连歌学于心敬，获"花之本"称号，为当时连歌领袖。编著有《竹林抄》《新撰莵玖波集》等。

2 风罗坊，芭蕉别号。

3 俳谐的别称。

4 芭蕉在《蓑虫说跋》中主张尊崇"无能不才"，受到庄子"无用之用"思想的影响。

西行之和歌、宗祇之连歌、雪舟之绘画、利休之茶道，其贯道之物乃一。然风雅者，顺随造化，以四时为友。所见之处，无不是花。所思之处，无不是月。见时无花，等同夷狄。思时无月，类于鸟兽[1]。故应出夷狄，离鸟兽，顺随造化，回归造化。

——《笈之小文》

1 《礼记·曲礼》："鹦鹉能言，不离飞鸟，猩猩能言，不离禽兽。今人而无礼，虽能言，不亦离禽兽之心乎！"贞德《歌林杂话》认为，忘记根本精神，以迎合世俗之心吟咏和歌者，"变人为夷狄，再变为禽兽，古语之谓也"。